DISCIPLINA CON AMOR

Disciplina con amor

Cómo poner límites sin ahogarse en la culpa

Rosa Barocio

EL LIBRO MUERE CUANDO LO FOTOCOPIAN

Título de la obra: *Disciplina con amor*

COORDINACIÓN EDITORIAL: Danú Hernández Jiménez
PORTADA: Víctor M. Santos Gally
DIAGRAMACIÓN: Ediámac

© 2014 Rosa Barocio
© 2016 Editorial Pax México, Librería Carlos Cesarman, S.A.
　　Av. Cuauhtémoc 1430
　　Col. Santa Cruz Atoyac
　　México DF 03310
　　Tel. 5605 7677
　　Fax 5605 7600
　　www.editorialpax.com

Segunda edición
ISBN 978-607-9472-18-4
Reservados todos los derechos

A mis hijos Gabriel y Mauricio
de quienes sigo aprendiendo

A todos los padres, maestros y amigos
que me han compartido sus experiencias

¡Muchas gracias!

Querido lector,

Desde que era adolescente me interesé en la educación, pero nunca imaginé que un día sería escritora. Mi deseo por publicar la primera edición de este libro surgió después de muchos años de asesorar y dar conferencias a padres de familia, con la única intención de facilitarles la tarea.

Doce años después, me decido a actualizarlo, enriquecerlo y agregar un capítulo muy necesario sobre tecnología.

Agradezco a Jorge de la Parra del Valle su infinita paciencia y su dedicación al apoyarme en esta revisión, y a ustedes lectores, por su confianza.

Con mucho cariño,

Rosa Barocio

Reflexiones para el educador

Cómo proteger sin acobardar
Cómo sostener sin asfixiar
Cómo ayudar sin invalidar
Cómo estar presentes sin imponer
Cómo corregir sin desalentar
Cómo guiar sin controlar
Cómo amar y ¡dejar en libertad!

ÍNDICE

xi

INTRODUCCIÓN

El mejor cumplido a mi trabajo lo recibí de un niño de la ciudad de Cancún.[1] Estaba con un compañero de clases al que había invitado a comer, cuando le llegó a su madre un correo electrónico de mis conferencias. "¿De qué es ese correo?", le preguntó a su madre. "Es sobre las conferencias de *Disciplina con amor* a las que asistí el mes pasado". El niño se volteó y le preguntó a su amigo: "Oye, ¿tu mamá ya tomó esos cursos?" Cuando le contestó que no, le dijo: "Dile que los tome, te conviene, te tratan mejor".

Por esta razón escribo. Si puedo contribuir a que trates mejor a tu hijo o a tu alumno mi esfuerzo bien ha valido la pena. Porque vivimos una época muy interesante, aunque compleja, ya que tenemos acceso a mucha información, pero el sentido común ha quedado relegado, olvidado, a tal grado, que nos cuesta trabajo resolver cuestiones muy sencillas cuando se trata de educar al hijo. ¿Por qué? Porque todo se complica cuando nos invade el temor a equivocarnos o a lastimar, a ser anticuados, autoritarios, a no ser queridos, a ser criticados…

Tus padres y abuelos la tenían más fácil. Frente a la pregunta: "¿Puedo ir a la fiesta?", la respuesta contundente era: "No". "¿Por qué no?" "¡Porque no!" Ahí acababa el asunto. Dormían tranquilos, no se quebraban la cabeza, ni cargaban un costal de culpas por el asunto. Ellos estaban en contacto con su sen-

---

[1] En el estado de Quintana Roo, México.

tido común aunque, hay que decirlo, la reflexión sobre la educación no era parte de su vida. Todo era más sencillo, pero el hijo no tenía derecho a expresarse, a defenderse ni a contradecir a los mayores por injustos que estos fueran.

El padre de familia actual vive una situación distinta, y la tentación de encontrar un libro que le ofrezca la solución para resolver los problemas que enfrenta con el hijo puede resultar muy atractiva. Sí, encontrar la fórmula que le resuelva el complejo problema de educar. "¡Olvídate de los detalles, vete al grano y dime cómo! Explícame qué debo hacer con este niño ¡y ya!" Como si educar pudiera ser una simple receta de cocina.

Es cierto que las recetas de cocina son maravillosas. Te garantizan el éxito si las sigues cuidadosamente. Solo es cuestión de comprar los ingredientes y seguir las instrucciones del "modo de preparar" al pie de la letra. Un inexperto, con un buen recetario, puede preparar una buena comida.

¡Cómo quisieras hacer eso con tu hijo! Comprar el "recetario para el niño ideal". Pero como en gustos se rompen géneros, tendría un índice largo para que pudieras escoger el tipo de niño que deseas. Cada pareja de padres podría elegir una receta de acuerdo con el tipo de hijo que quisiera. Por ejemplo, esta podría ser una opción:

Receta para niño "Terror del barrio"

Ingredientes:

- Niño fresco y tierno de preferencia menor de 3 años.
- Padre o madre de temperamento colérico.
- Escuela autoritaria y represiva, o sin disciplina.
- Películas y videojuegos violentos.
- (Opcional) Clases de defensa personal.

Modo de educar:

A un niño como este es importante que lo eduques con mano dura. Es necesario que le expliques, desde pequeño, que el mundo es de los fuertes. En ningún momento le debes permitir demostraciones de debilidad o flaqueza, y debe saber que el llanto solo es permitido a las mujeres. Debes fomentarle todo tipo de competencias y hacerle saber que lo importante es ganar y que el fin justifica los medios. Aprovecha toda situación cotidiana para enseñarle a defenderse: un mal modo de algún compañero, un incidente automovilístico son oportunidades invaluables para que le enseñes a intimidar a otros.

Es importante que desde pequeño se sienta el vencedor en riñas callejeras y escolares, por lo que, si es necesario, puedes intervenir para asegurar la victoria. Si hay quejas del colegio o de los vecinos por su agresividad, defiéndelo con el argumento de que, seguramente, fue provocado y que él no tiene la culpa de ser tan fuerte y valiente. Asegúrate de que tu hijo lo escuche y se sienta apoyado incondicionalmente. Explícale después que los niños como él tienden a despertar envidias y enséñale a culpar a los demás. No te sorprenda cuando dejen de invitarlo a las fiestas infantiles; tu hijo seguramente es demasiado maduro para ellas. Si es necesario cambiarlo de escuela, convierte el evento en motivo de orgullo, pues es demostración de su creciente poder.

Es indispensable que vea, en un mínimo de tres horas diarias, programas o caricaturas violentos. Recomendamos especialmente que lo haga antes de dormir para que las imágenes penetren mejor en su subconsciente. No te desanimes si tiene pesadillas y no puede conciliar el sueño, con el tiempo se acostumbrará y dejarán de impresionarlo. Nunca lo retires de la habitación cuando pasen programas para adultos en la televisión o noticieros, pues esto ayudará endurecerlo. Cuando sea posible, acompáñalo al cine, especialmente si es después de las 10:00 p. m., a ver una película clasificada para adultos. El niño deberá acostumbrarse a todo. Observarás que, cada vez, la película deberá ser más violenta; esto es parte normal del proceso para insensibilizarlo al dolor ajeno.

Cuando se divierta con videojuegos, anímalo: "¡Muy bien, hijo, ya mataste a cinco, solo te faltan dos!" Cómprale todos los disfraces de guerreros y asegúrate de que juegue a diario con pistolas, ametralladoras y demás juguetes bélicos. Tapiza las paredes de su recámara con carteles de monstruos y héroes de batallas, prefiriendo siempre los de colores oscuros y fosforescentes.

Darle apodos como *Atila, El garras* o *Destroyer*, pueden ayudarlo a identificarse con su temeridad. Pronúncialos con énfasis y con mucho orgullo.

Contraindicaciones: niños como este pueden convertirse, de adultos, en golpeadores de mujeres, sociópatas o asesinos.

Pero si el niño "Terror de barrio" no es de tu agrado, podrías escoger entre muchas otras opciones, las recetas para:

Niño/a: "Osito de peluche": agradable, tranquilo, cariñoso y complaciente.

Niño/a: "Cascabelito social": graciosa, platicadora, activa y siempre alegre.

Niño/a: "Nerd" : muy estudioso, inteligente, beca garantizada.

Te puede parecer gracioso, pero ¿cuántas veces has pensado que eso significa educar? Aplicar una receta a un "producto", como se refieren los doctores al niño al nacer. El problema surge cuando te das cuenta de que ese producto es único y diferente, y que por eso cada hijo resulta distinto, aunque lo hayas cocinado, según tú, con la misma receta.

Pero no existen recetas para educar, aunque hay autores que quieran vender esa ilusión. Si las hubiera, eliminarían una parte muy importante de tu vida: la oportunidad de crecer a través de una relación amorosa con tu hijo. A veces como padre piensas que decidiste procrearlo porque tienes muchas cosas que darle, sin percatarte de la gama de oportunidades que se presenta para que aprendan juntos.

Tu hijo tiene mucho que aportarte, siempre y cuando estés abierto a escucharlo. Un día, al llegar del trabajo, me preguntó uno de mis hijos cómo estaba, y le dije: "Cansada". Me contestó: "Claro, tú siempre estás cansada". Reflexioné y me di cuenta de que, efectivamente, siempre estaba cansada, y que esa cantaleta era parte de mi vida diaria. También pensé en lo terrible que ha de ser vivir con una madre que siempre está agotada y que solo puede transmitir fastidio. Una persona cansada no siente entusiasmo, pasión o alegría por la vida. Me di cuenta de que iba a pasar a la posteridad como mártir. E imaginé el epitafio de mi lápida:

> *Aquí yace una mujer cansada,*
> *demos gracias a Dios de que*
> *¡por fin! descansa en paz.*

Empecé a cambiar mi estilo de vida. Ahora, cuando gimo entre dientes que estoy cansada, me escucho, y se enciende una alarma interior que me recuerda que, solamente yo, soy responsable de mi bienestar.

Este aprendizaje mutuo no siempre resulta placentero. Cuando era maestra me admiraba cómo, al final del año escolar, podía sentir cariño por aquellos alumnos que me habían costado tanto trabajo. Mezclado con ese cariño, también había un profundo agradecimiento por todo lo que habíamos aprendido juntos. Convivir con algunos niños es como estar constantemente frotando dos piedras que producen chispas. Estas chispas generan calor. Calor que se puede transformar en amor, si lo permitimos. La tarea de ser padres es, quizá, la más difícil y la de mayor trascendencia que jamás podrás tener. Estás tratando con un ser humano, y lo que hagas o dejes de hacer va a marcarlo de por vida. Sin embargo, nadie te entrena para ser padre. Existen las pláticas prematrimoniales para las futuras parejas. Me pregunto ¿por qué no hay orientación para las personas que quieren ser padres? Imagina la diferencia si te pudieras preparar antes de tomar la decisión de tener un hijo, ¡en vez de buscar ayuda cuando ya tienes problemas! Últimamente han surgido las "escuelas para padres", pero desafortunadamente, la mayoría de las veces intentan remediar lo ya echado a perder.

Cuando doy conferencias para padres de familia, veo expresiones de dolor y culpa, pues habrían deseado educar a sus hijos sin lastimarlos. Duele mucho saber que has herido a quienes más quieres. Es muy poco frecuente que las personas decidan conscientemente dañar a los hijos; generalmente cometen errores, provocados por la ignorancia, porque desconocen una mejor manera de educar o porque repiten los patrones de conducta de los padres.

Aunque sigas obsesionado con la fantasía de encontrar esa receta mágica para educar a tu hijo, la realidad es que formas parte de este movimiento global que busca iniciar una nueva etapa. Te abres a nuevos cuestionamientos y tienes un nuevo nivel de conciencia y, por ello, quieres desechar viejas formas en busca de algo mejor: adiós al autoritarismo, adiós a la represión.

La nueva propuesta sigue la tendencia norteamericana de "tirar al bebé con el agua sucia de la bañera". Oscilas del extremo del autoritarismo, ¡al extremo de la permisividad! Ahora el niño puede hacer lo que le viene en gana, no sea que "lo vayas a traumar". No quieres cometer los mismos errores de tus padres. El niño consentido, que antiguamente era la excepción, ahora es la regla; hemos sido testigos de ello, en Estados Unidos desde los años sesenta, y es una realidad en la actualidad en la mayoría de los países. El niño que rompe cosas, insulta a los padres, o los golpea, y los padres lo permiten con el argumento: "Es que el niño está enojado y se está desahogando".

En este oscilar del extremo del autoritarismo al extremo de la permisividad, necesitas buscar un equilibrio. Te invito a transitar por un nuevo camino de doble sentido, en donde, por un lado, el adulto respete al niño y, por el otro, el niño respete al adulto. Debes encontrar el camino del respeto mutuo en donde exista libertad, pero con orden. Donde puedas recuperar tu seguridad interna como adulto, para, así, guiar al niño con cariño, pero también con firmeza. Ofrecerle el apoyo de un adulto que está bien plantado sobre la tierra.

En pocas palabras, te invito a ser más consciente y a reconocer el potencial de crecimiento personal que la convivencia diaria con tu hijo, a través del amor, la alegría y el sentido del humor, te da. Tu hijo no quiere tener un padre perfecto, pero sí requiere de un padre que aspire a ser una mejor persona.

En ningún momento pretendo resolver tus problemas familiares. Nadie puede saber mejor que tú, qué necesita tu hijo, y qué puedes hacer para ayudarlo. Solo pretendo avivar la autoconfianza y ofrecerte una perspectiva más amplia, para que tengas herramientas con las cuales enfrentar situaciones que vives diariamente con él. En otras palabras: quiero proporcionarte suficientes elementos de juicio para que tomes las decisiones que mejor convengan. Si pretendiera dar solución a tus dificultades, estaría quitándote poder y responsabilidad como adulto y como padre. Crearía una esclavitud tanto para ti como para mí. Cuando buscas que otro te resuelva la vida, cedes el derecho a elegir. Te subordinas al entregarle el poder y pierdes la maravillosa responsabilidad de crear tu propia realidad. Dejas de ser adulto y te sometes a ser un niño, frente al "experto". En cierta forma es una posición muy cómoda, porque cuando no funciona el consejo, puedes, con toda tranquilidad, culparlo y comenzar nuevamente, la búsqueda de otro "experto". Así, resultas ser una víctima de la ayuda ineficiente de "los que deberían de saber": para eso les pagas, ¿no?

Es un autoengaño. La responsabilidad es tuya. Si eres un adulto en todo el sentido de la palabra y quieres ser responsable como educador, debes asumir ese lugar con dignidad, valor y entusiasmo, sabiendo que estás contribuyendo a un cambio profundo en la humanidad. Tu esfuerzo se verá reflejado no solo en tus hijos, sino multiplicado en los hijos de tus hijos, y en los hijos de los hijos de tus hijos.

Te ofrezco, como apoyo adicional, distintas *afirmaciones* que encontrarás a lo largo de esta lectura, que ayudarán a cambiar creencias equivocadas. Una afirmación es una frase que ayuda a remarcar la valía de la persona y reconocer sus cualidades y capacidades. Son frases positivas que desarraigan pensamientos negativos que aparecen en la conciencia y que muchas veces no recuerdas ni de dónde vinieron. Puede ser que una frase que escuchaste cuando eras niño, por ejemplo: "¡No sirves para nada!", ahora surja en la conciencia cuando intentas enseñarle alguna tarea a tu hijo. Entonces te sientes inseguro e inepto.

De niño y adolescente escuchaste muchas veces frases negativas o concebiste pensamientos equivocados que se repitieron, una y otra vez, hasta convertirse en creencias. Una creencia es simplemente un pensamiento repetido muchas veces. Es así como tienes creencias equivocadas sobre ti mismo y sobre tu relación con el mundo. Estas creencias se almacenan en el subconsciente, y ahora que eres adulto, surgen cuando menos lo esperas y te hacen sentir incompetente como educador. Para cambiar una creencia necesitas empezar a mantener pensamientos positivos que animen y den fortaleza. Si titubeas al querer poner un límite o decir "no", recuerda estas afirmaciones y recuperarás la seguridad para hacer lo correcto.

Recomiendo que elijas una o dos afirmaciones, las que más te atraigan, y que confíes en que te darán el apoyo que necesitas. Puedes escribirlas en varias notas de papel y llevarlas en el bolso o cartera. Pegarlas en el espejo del baño, en el escritorio y en el buró al lado de la cama. En pocas palabras, en cualquier lugar en donde estén siempre a la vista. Cada vez que las veas, repítelas en voz alta o mentalmente. Si lo haces con frecuencia, te resultarán, cada vez más familiares, hasta que formen parte de ti mismo.

Entre más frecuentemente las repitas,
más rápido y seguro resultará el proceso.

Este libro está escrito para ser leído con el corazón. Pretendo despertar tu amor para ver al niño con otros ojos; para que aprecies su inocencia, su capacidad de asombro, su gracia y su confianza y amor por ti. Para que lo veas como el reflejo de lo que tú también fuiste: un niño que quiere sentirse conectado, escuchado, tomado en cuenta. Que quiere saberse importante y que tiene un lugar en la familia. Ese niño quiere, finalmente, lo mismo que tú deseas tener como adulto; las formas cambian, pero las necesidades, persisten.

¡Gracias por el honor de permitirme caminar,
por un momento, a tu lado!

ACLARACIÓN: Las palabras padre y madre, niño y niña, él y ella, irán alternándose para respetar la paridad. Porque los mensajes transmitidos atañen de la misma manera a un niño que a una niña, a una madre, que a un padre.

Primera parte

capítulo I

LA EDUCACIÓN AUTORITARIA

Recuerdo un hogar en el que a la hora de la comida, cuando servían pollo, el padre preguntaba a cada hijo:

"¿Qué pieza de pollo quieres?", pregunta el padre.
"Pechuga", dice el hijo. "Sírvanle pescuezo".
"¿Y tú?" "Pierna". "Denle pechuga".
"¿Y tú?" "Pechuga". "Denle ala".
"¿Y tú?" "Ala". "Denle rabadilla".

Ninguno se salvaba, pero tampoco nadie protestaba ni se quejaba. Estaban aprendiendo a comer en un sistema cuasi-militar: nada de preguntas, nada de comentarios. Sus reclamos se guardaban en la memoria, sin decirlos jamás.

Nuestros antepasados, y muchos de nosotros, fuimos educados de esta forma autoritaria. Crecimos bajo la ley de "se hace porque lo digo yo" y punto. Los adultos eran firmes y seguros, no titubeaban al tomar decisiones, y en raras ocasiones tomaban en cuenta nuestros sentimientos o preferencias.

En este sistema autoritario el niño tenía muy claros sus límites y conocía las consecuencias de no obedecer. Los padres ejercían su derecho a educar sin temor a ser criticados, y este derecho les otorgaba un dominio absoluto sobre la vida de sus hijos. El niño era considerado un ser inferior, sin voz ni voto, incapaz de tomar alguna decisión, y sus sentimientos generalmente eran ignorados.

La siguiente anécdota me la compartió una amiga:

"¿Papá, puedo ir a la excursión con mis amigos?", pregunta Mirna de 16 años. "No", contesta el padre. "¿Por qué? Si saqué muy buenas calificaciones y he cumplido con todas mis tareas", reclama la hija. "A tu padre no le preguntas por qué, ahora te quedas sin salir 15 días comenzando en este momento". La hija ve el reloj y sabe que hasta las 4:00 p. m. del viernes, dentro de dos semanas, podrá volver a salir con sus amigas.

Mundos separados: el mundo adulto y el mundo infantil

Estos mundos tenían también aspectos positivos. La estructura familiar era clara: el mando recaía en el adulto, quien cargaba con toda la responsabilidad, y el niño, simplemente obedecía. En este sentido podía crecer sin preocuparse de tomar decisiones que no le correspondían. El niño se apoyaba en el adulto, situación que le permitía habitar un mundo infantil. El niño era tratado como un ser inmaduro y sus errores se asumían como el precio de esa inmadurez. El adulto cargaba con la responsabilidad de educarlo y hacer de él un hombre de bien. La división entre el mundo del adulto y el mundo del niño era clara y bien marcada, y las transgresiones no eran aceptadas. Tanto el adulto como el niño conocían su espacio.

Sandra quiere saber si puede salir al jardín a jugar con los vecinos. Abre con mucho cuidado la puerta de la sala y descubre a su madre platicando con la tía Berta. Cuando se dan cuenta de su presencia, las mujeres bajan la voz e interrumpen la conversación. Hay un silencio embarazoso mientras la niña espera que la madre le indique con la mirada que puede acercarse. Sandra se aproxima, pero se detiene a una "distancia prudente" y aguarda sin hablar hasta que la madre le pregunta qué desea. "Sí, puedes salir un rato hasta que te llamen a cenar". Ambas mujeres observan a Sandra retirarse antes de continuar la conversación.

Este ejemplo te transporta a tiempos ya olvidados en donde las conversaciones de adultos eran solo para adultos. Ningún niño era admitido en ellas pues se consideraban "inapropiadas" para ellos. Los adultos cuidaban celosamente sus conversaciones, y el niño se enteraba solamente de aquello que el adulto consideraba conveniente. Este cuidado permitía establecer una clara separación entre ambos mundos, y a la vez, ofrecía protección importante al niño, pues evitaba que escuchara comentarios perturbadores que pudieran llenarlo de miedo y preocupación. No tenía por qué angustiarse en relación con situaciones que no le incumbían y que ni estaba en su poder, cambiar. ¡Qué diferente de lo que vivimos en estas épocas!

El bienestar del niño como prioridad

Antes, los padres cuidaban al niño y daban preferencia a su bienestar. Su vida era regulada por rutinas consideradas sagradas. Se desayunaba, comía y cenaba a una hora fija. El baño y la hora de dormir eran parte de un ritual que se sucedía, día con día, de manera inalterable. Las excepciones eran escasas y debían ser consideradas como un regalo del cual se gozaba en ocasiones especiales, como la boda de la prima, la Navidad o el aniversario de los abuelos.

Esta rutina inviolable ofrecía al niño una estructura que le proporcionaba seguridad emocional, pues sabía qué esperar y no vivía de un sobresalto a otro. No requería adaptarse constantemente a situaciones que lo angustiaran. El niño pequeño no tenía más preocupación que jugar y dejar que el adulto se encargara de atender sus necesidades físicas. La madre generalmente estaba en casa y le ofrecía todo el apoyo necesario. Hasta su ingreso a la primaria, el niño pasaba todo el día en su hogar observando el quehacer de los adultos. Raramente salía y la prisa no existía. El niño despertaba después de haber descansado, pues había dormido las horas necesarias. Cuando comía nadie lo apresuraba. Nadie creaba expectativas con respecto a objetivos de aprendizaje o de logros en la vida. Era niño y nadie tenía por qué esperar más. Se le permitía germinar y florecer como a la planta en el campo, que requiere del ambiente apropiado.

El niño en edad escolar se ocupaba de ir al colegio y hacer la tarea, y el resto del tiempo era suyo, y lo aprovechaba para disfrutar. Las tareas escolares de antaño eran consideradas un apoyo al trabajo realizado en la escuela, y ocupaban poco tiempo para hacerla por la tarde; tenía libertad para jugar con sus hermanos y vecinos.

El apoyo familiar, un sostén importante

Las madres gozaban del privilegio de contar con el apoyo de otras mujeres: madres, tías, abuelas, que las ayudaban y enseñaban a cuidar, proteger y nutrir a los hijos. La madre y la abuela inducían a la hija al mundo femenino y despertaban en ella el instinto materno, a fin de que contactara y satisficiera adecuadamente las necesidades del pequeño.

Este instinto materno le permitiría, después, desenvolverse con seguridad, y la ayudaría a tomar decisiones firmes sin perderse en dudas y cavilaciones. En ningún momento consideraba dar explicaciones de sus determinaciones ni al hijo, ni a otros adultos: nada de comparaciones con los vecinos, ni de consultar con el consejero familiar o el terapeuta. Pensaban: "En mi casa las cosas se hacen así, y al que le guste bien, y al que no ¡también!" Recuerdo haber preguntado de niña:

"¿Por qué no puedo ir a dormir a casa de Regina?" Mis padres me respondieron: "Porque no". Cuando me encontré con mi amiga, ella me preguntó por qué me habían negado el permiso, y yo le dije: "Que porque no". "¡Ah!", me respondió. Ambas quedamos conformes.

"Porque no" o "porque sí" era suficiente explicación que mantenía satisfechos a los niños de esa época.

Secuelas emocionales del maltrato

Si bien era acertado que se cuidara el bienestar físico del niño y que ambos mundos, el infantil y el del adulto, estuvieran claramente separados y que las madres contaran con un apoyo por parte de otras mujeres, los padres no reflexionaban sobre las consecuencias emocionales de sus actos con respecto al niño. Tenían claro qué esperaban de él. Si para lograrlo era necesario humillar y azotar, el fin justificaba los medios. El niño crecía bajo la benevolencia o la cólera de los adultos, que no se preguntaban sobre las consecuencias emocionales que aquél pudiera sufrir. Había que evitar que el hijo creciera "torcido", y el cómo los tenía sin cuidado.

A un niño de 7 años le dio por coger dinero de la cartera del padre. La primera vez que lo hizo, el padre lo regañó; la segunda vez lo azotó, pero la tercera lo encerró tres días en su cuarto a pan y agua.

El muchacho no volvió a coger dinero del padre. Escarmentó, pero también quedó lastimado. ¿Qué puede pensar y sentir un niño de esa edad a quien se le encierra y se le trata como a un criminal?

Otro incidente que marcó a una amiga:

"Tenía 6 años cuando me sirvieron un huevo de desayuno. Como el huevo no me gustaba, y pensando que no me veían, me levanté disimuladamente y lo tiré a la basura. En mi familia jamás se desperdiciaba la comida, pues mi madre es de origen alemán y le tocó vivir penalidades durante la Segunda Guerra Mundial.

Ella se dio cuenta del hecho y sin decir palabra, cuando toda la familia partía de día de campo, me cogió de la mano y me encerró en un oscuro patio de servicio. Ahí permanecí sola todo el día. Cuando regresaron por la noche, mi madre abrió la puerta, me tomó de la mano y me llevó a cenar. Me sirvió... huevo."

Aprendió su lección: tienes que comerte lo que te sirvan, te guste o no, pues la comida no se desperdicia. La intención fue buena, la forma, nefasta. Lecciones aprendidas con el hierro candente no se olvidan porque las guardas en la memoria como recuerdos que aún palpitan cubiertos de dolor y resentimiento.

Educación autoritaria en las escuelas

Para desgracia de la humanidad, todavía hay escuelas que siguen bajo ese régimen. El niño debe aprender, sin importar el precio que se pague por ello. Aunque sea por medio de burlas, humillaciones y castigos, el objetivo es que, las calificaciones, mejoren. Los padres aceptan este maltrato por miedo a que el hijo se quede rezagado. Si no, ¿qué va a ser de su futuro?

En un colegio preescolar de prestigio, el hijo de mi amiga y un compañerito eran especialmente inquietos. Un día la maestra, al no saber qué hacer, los amarró con los suéteres a la silla y les cubrió la boca con cinta adhesiva.

¡Santo remedio! Se acabó el problema. Si hay secuelas emocionales, esas que las arreglen los padres después. Para eso están los psicólogos, ¿no?

Me enteré, por otra madre de familia, que en la escuela de sus hijos sentaban a los alumnos de acuerdo con las calificaciones. "¿A qué te refieres?", le pregunté. Me explicó que a los alumnos los ubican en pupitres por hileras, de acuerdo con el promedio de calificaciones; es decir, los niños más aplicados, de diez, en la primera fila, los de nueve en la segunda, y así sucesivamente, dejando hasta atrás, a los reprobados.

Me quedé boquiabierta. Empecé a imaginar qué sentirá o pensará un niño sentado con los reprobados. "Soy un fracasado, no sirvo, soy lo peor, soy una vergüenza". Con seguridad ha de pensar: "¡Es inútil seguir esforzándome!" Considero que no existe una mejor forma de desalentar a un alumno.

Pero ¿qué decir del que está en la primera fila, el alumno "10"? Este niño debe sentirse indudablemente mejor que los

demás. Se vuelve arrogante y ve a los otros como inferiores.
Pero vive con la duda: "¿Y si no puedo mantenerme todo el
año escolar como el mejor? ¿Y si me equivoco? ¿Y si fallo y
defraudo a mis padres y maestros?" El precio que este niño
paga es vivir con inseguridad y miedo de perder lo que tiene.
Como resultado tienes a un niño muy estresado.

Si observas, en este sistema todos pierden. Pierden los
atrasados que se sienten humillados, pierden los de en medio, que se piensan mediocres, y pierden los más avanzados,
que son aplaudidos por los adultos, pero rechazados y envi-
diados por sus compañeros.

De niña recuerdo que en segundo de primaria la maestra
nos castigaba hincadas con los brazos extendidos a los lados.
No se consideraba como una práctica abusiva, pues el maestro ejercía derecho absoluto sobre sus alumnos a los cuales
debía, de alguna manera, volver responsables.

Si bien ahora somos más conscientes sobre los efectos dañi-
nos del maltrato físico, nos queda mucho por hacer en cuanto al maltrato emocional. Todavía es común que el maestro
corrija a los alumnos a través de burlas o sarcasmo, de humillar o ridiculizar. Los directivos y padres de familia hacen
caso omiso de estas prácticas porque su atención sigue enfocada en los resultados: que el alumno aprenda y brille para enor-
gullecerlos. Les parece que es más importante educar la mente,
aunque el precio sea ¡lastimar el corazón!

capítulo 2

EL SALTO DEL AUTORITARISMO
A LA PERMISIVIDAD

"No tengo idea de cómo voy a educar a mi hijo: lo único que tengo claro es que no cometeré los mismos errores que mis padres."

Este se convirtió en el nuevo lema de aquellos adultos que, siendo niños, sufrieron heridas a manos del sistema autoritario. Han decidido que educarán a su hijo de manera diferente y buscan un cambio radical, un camino nuevo.

Con esta sincera resolución han oscilado de un polo al otro. Es así como, de ser autoritarios se han convertido, ahora, en padres permisivos.

Si alguien duda del significado que tiene esta permisividad, solo basta ir a un lugar público y observar a los padres con el hijo:

Eugenia y Alberto van a un restaurante con su hijo Ricardo de 3 años. El padre revisa la agenda en busca de una anotación, mientras la madre contesta el celular. Ricardo empieza a jugar con el florero de vidrio. "Déjalo, Ricardito, que lo vas a romper", le dice el padre mientras saca la cartera. "Déjalo, caramba, que lo vas a romper". Esta advertencia la repite varias veces, hasta que azota el florero en el piso y se quiebra en mil pedazos. "¡Te dije que lo ibas a romper, qué necio eres!" La madre baja el celular y le dice a su esposo: "Llama a la mesera, dile que nosotros lo pagaremos". Ricardito, ahora juega con el salero y el pimentero. Se hinca en la silla, destapa el salero y riega la sal por el piso. "Deja de hacer cochinadas", le dice el padre. La madre apaga el celular y le dice a su esposo: "Ay, déjalo, solo se está entreteniendo. ¿Qué pasó con la comida?"

El padre permisivo está muchas veces presente en cuerpo, pero no en alma. Mira, pero no ve. Se ocupa a medias del niño, quien se sabe en libertad de hacer lo que quiera, sin restricción alguna.

Mundos integrados: el niño invade el espacio del adulto

Hemos iniciado una época de integración en donde queremos unificar todo: a nivel económico le llamamos globalización; a nivel sexual, unisex; a nivel religioso, ecumenismo. Son manifestaciones de la necesidad humana que lleva a buscar la unión con otros, para desaparecer aquellas diferencias que separan.

Esto se manifiesta claramente en la forma de vestir. La ropa para niños, si no se repara en el tamaño, pareciera que es para jóvenes. Los niños se visten ahora como adolescentes, al igual que los adultos. Las empresas de mercadotecnia intentan, a toda costa, convencernos de que la mejor época de la vida es la juventud, así que debemos anular las otras etapas: la niñez, la madurez y la vejez. Si bien esta tendencia no causa tanto daño en esta última, al niño pequeño sí lo afecta porque al vestirlo como mayor no tomas en consideración su inexperiencia y demandas una madurez, que aún no tiene.

Aunque trates a los niños como jóvenes, la niñez no se elimina, solo se acorta y se distorsiona. El niño interpreta a su manera las situaciones que aún no comprende y crece golpeado por una realidad demasiado cruda para sus escasos años.

Otra interpretación errónea se refiere al concepto de igualdad con relación al niño. El niño y el adulto son iguales en cuanto a que ambos merecen respeto y comparten la misma dignidad, pero no son iguales en madurez y juicio. Es un error poner decisiones que corresponden al adulto en manos del niño. Un ejemplo de esto es la ley que permite que un niño demande a sus padres por maltrato. Pones en manos de un niño la responsabilidad de un adulto; ¿te imaginas el conflicto interno que le ocasiona pensar que puede disponer de la vida de sus padres? ¿A cuántas manipulaciones se presta? Aunque la intención de evitar el abuso infantil es buena, su implementación es equivocada.

¿Cuántos niños abusan de este nuevo poder para amenazar y manipular a sus padres, si estos los regañan o no complacen sus caprichos? Gracias a esta ley, los papeles se han invertido: el niño controla y el padre se doblega.

¿Inteligencia es lo mismo que madurez?

La línea que delimitaba claramente el mundo del niño y el mundo del adulto se ha borrado. En esta mezcolanza de universos que lleva a la permisividad, el niño es considerado muy inteligente, maduro y sabio. Capaz de decidir y dirigir su vida. Pero hay que analizar esta nueva perspectiva. ¿El niño es sabio? En algunos aspectos se tiene que aceptar que sí lo es.

Melisa, que aún no cumple cuatro años, le dice a su madre: "Mamá, ¿tú sabes que cuando me gritas me duele mi corazón?"

Sergio, de 13 años, le dice a su madre, que insiste en controlar toda su vida: "Mira mamá, imagínate que es como hacer un edificio; tú ya pusiste los cimientos, y ahora a mí me toca construir lo demás".

¿Son inteligentes? Sí, pueden ser muy inteligentes, y a edad muy temprana sus respuestas, muchas veces, te sorprenderán por lo atinadas que son.

Pablo tiene dos años y medio y quiere ponerse los zapatos, pero se frustra ante la dificultad y pide ayuda. La madre, que quiere alentarlo, para que se esfuerce y sea independiente, le dice: "Inténtalo, Pablito, inténtalo". Más tarde el niño quiere treparse a una barda, pero al darse cuenta de que no alcanza le grita a la madre que lo ayude, ella le repite: "Inténtalo, Pablito, inténtalo". En la madrugada, Pablo le pide que le lleve una mamila a la cama y la madre le contesta que no puede, que se duerma. Pablo le grita: "Inténtalo, mamá, inténtalo".

Dos años y medio y el niño ya sabe cómo regresarle a la madre sus propias enseñanzas, entiende el sentido y sabe cómo aprovecharlas para su beneficio.

Otra anécdota simpática:

Fabiola quiere que su hijo de 3 años se bañe. "Hijo, deja de jugar, que es hora de bañarse". Pero como está muy entretenido, Toño ignora la orden de su madre. Después de insistirle varias veces, por fin se acerca molesta y le grita: "Toño, ¡dije que a bañarse! Voy a contar, uuuno, dooos..." El niño corre y obedece.

Una vez bañado, se sienta a cenar. "Quiero leche con chocolate". La madre lo ignora. El niño repite con el mismo tono de la madre: "Voy a contar, uuuno, dooos..."

¿Inteligente? Sí, muy inteligente, ¿pero inteligencia es lo mismo que madurez? Aquí radica la confusión. Puede ser muy inteligente, tener una sabiduría que te asombra, pero eso no quiere decir que pueda manejar su vida o que tenga la madurez para tomar decisiones importantes. Porque la madurez es resultado de la experiencia, es decir, de asociar causa y efecto y recordarlo. El niño todavía no tiene la capacidad para hacer estas asociaciones y, ¿cómo adquirir memoria de situaciones que aún no vive?

Jorge, de 9 meses, está en el tapete con su primo Alejandro de 6. Jorge se acerca gateando, toca el brazo rechonchito de su primo y lo muerde. Alejandro suelta un fuerte alarido de dolor, mientras Jorge lo observa asombrado.

Jorge lo mira sorprendido porque en ningún momento ha asociado que su mordida causó el alarido del otro bebé. Al niño le toma años entender cómo funciona el mundo y darse cuenta de que sus acciones tienen un impacto en los demás.

¡Cuántas veces los adultos maduros tampoco caen en la cuenta y aún no acaban de aprender!

Alex se encuentra con su amiga Rina. "Oye Rina, ¿dónde se esconde tu amiga Celina? Cada vez que la veo parece desaparecer". Rina se encuentra más tarde con Celina quien le explica: "No lo soporto, ya le dije mil veces que me aburre que solamente hable de fútbol, pero no entiende".

Madurez también implica tener visión hacia el futuro. Comprender cómo te afectará el día de mañana lo que haces en este momento. El niño pequeño vive en el presente y no tiene aún noción del mañana. Al infante, por ejemplo, cuando le retiras un juguete, para él, ese juguete ha dejado de existir. Fuera de su vista equivale a fuera de su existencia. Por eso en vez de regañarlo cuando coge algo que no debe, retira el objeto del lugar.

Con el niño un poco mayor, digamos de edad preescolar, observas lo siguiente:

La madre llega a recoger a Jerónimo de 4 años a la escuela, y con expectativa le pregunta: "Mi hijo, ¿qué hiciste hoy en la escuela?" El niño responde: "Nada", mientras abre su lonchera y se empieza a comer el pedazo de galleta que sobró. "Cómo que nada, estuviste muchas horas, algo has de haber hecho". Entre mordida y mordida le contesta desinteresadamente: "No, no hice nada". La madre maneja el auto a casa preocupada y cuando llega le dice a su esposo: "Oye, creo que sería bueno pensar en cambiar de escuela a Jerónimo, qué caso tiene gastar en un colegio tan caro, ¡para que no haga nada!"

Cuando era maestra de preescolar, muchas veces atendí a madres preocupadas que pensaban que su hijo se pasaba la mañana entera de ocioso. Al explicarles todas las actividades en que participaron, algunas madres me miraban con incredulidad, y me percataba de que pesaba más el comentario del niño que el mío.

El niño aún no puede recordar a voluntad lo que le pides, ya que solo tiene memoria asociativa. Es decir, recuerda cuando algún olor, imagen o comentario, le despierta la memoria. Así que, si por la tarde, mientras juega en la sala, Jerónimo escucha una canción, puede que recuerde el juego que hizo en el colegio con sus compañeros y empiece a platicar animadamente. El olor de un perfume puede recordarle a la abuela, una cara enojada, al policía del estacionamiento. Vía asociación, el niño pequeño recuerda, y por tanto, es inútil pedirle que a voluntad platique todo lo que hizo por la mañana. Para él lo que hizo en la escuela es parte de un pasado inexistente y, por lo tanto, carente de interés. Su atención solo está enfocada en el momento presente. Este ejemplo de una sobrina mía te puede aclarar cómo percibe el tiempo un niño.

"Mamá, ¿cuándo vamos a ir a comprar mis zapatos?", pregunta Rosalía de 3 años. "Mañana, mi hija". Más tarde, cuando están desayunando, pregunta: "¿Cuándo vamos a ver a la abuela?" "Mañana, hija". "¿Cuándo regresa papá de viaje?" "Mañana". La niña se queda reflexionando: "Mamá, siempre es hoy, ¿verdad?"

El futuro no tiene gran significado para el niño pequeño que vive en el eterno presente; conforme crece amplía su horizonte para incluir tanto el pasado como el futuro. Lo mismo ocurre con su percepción del espacio. Por ello, antes de los 9 años no tiene sentido enseñarle ni historia ni geografía, ya que solo repetirá los conceptos como merolico, sin comprender verdaderamente.

Si intentas apresurar la madurez en el niño, seguramente resultará frustrante. Crees que por dar largas explicaciones a este niño que consideras *muy listo*, comprenderá las consecuencias de sus actos; al hacerlo, depositas en sus manos la responsabilidad para sentirte decepcionado cuando toma la decisión equivocada. Explicarle al niño, por inteligente que sea, no significa que logre comprender. Su decisión no se basará en su buen juicio, sino en el deseo del momento.

Julián quiere otro helado. "No, hijo", explica pacientemente la madre. "Ya es demasiado, después tendrás dolor de estómago". Julián comienza a gritar: "¡¡Quiero otro, quiero otro!!" La ma-

dre, intimidada por el arranque de cólera del niño y ante la
mirada molesta de los demás clientes, compra lo que pide.
Una vez en casa, se queja de que le duele el estómago. "Te
lo dije, por Dios, cuántas veces te lo dije, pero eres un necio...", le recrimina la madre.

Al permitir que el niño tome la decisión equivocada y sufra
después las consecuencias, el famoso "¡te lo dije!" solo es sal
añadida a la herida. Cometes una gran injusticia al dejar en
sus manos decisiones que no le corresponden para después
regañar y castigar. El error y la falta de juicio no son culpa
del niño, sino tuyos, al insistir en que se comporte con una
madurez que aún no tiene.

Francisco tiene 15 años y sus amigos quieren ir a pasar el fin
de semana al lago de Tequesquitengo:[2] "Lo siento Francisco,
pero si no los acompaña un adulto, no vas". Francisco le grita
a la madre que es una anticuada y muy enojado azota la puerta. La madre se sostiene en su decisión y no le permite ir.

El lunes, cuando Francisco regresa a la escuela, le platican
sus compañeros espantados que Julián había estado en el hospital, pues estuvo a punto de morir ahogado cuando, alcoho-
lizado, trató de sacar la lancha y cayó al lago.

La madurez se adquiere con el tiempo. Solo la madre puede
vislumbrar el peligro que corre un muchacho de esta edad,
en esas circunstancias. ¿Por qué insistimos en tratar al niño
y al joven como adultos? ¿Por qué apresurarlos a cargar con
responsabilidades que no les corresponden? Si pudieran des-
empeñarse como adultos ya vivirían de forma independiente
y no necesitarían de los cuidados de sus padres.

---

[2] Se encuentra en el estado de Morelos, México.

Al analizar la infancia del Dalai Lama, se aprecia cómo, a pesar de que su madre sabía que estaba predestinado a ocupar un puesto tan importante, no eludía la responsabilidad de educarlo como correspondía en esa etapa de vida: como niño. No esperaba más de él, ponía límites cuando era necesario. Ella era la madre y él un niño inmaduro. Cada uno en el lugar que le correspondía.

Otro aspecto importante de esta integración del mundo del niño en el del adulto, es que hemos abierto la puerta principal de lo que el niño puede escuchar o ver, sin poner un límite. Así, conversas en el automóvil sobre el divorcio de tu amiga que encontró al marido con otra, y cuando el niño sorprendido te pregunta de quién hablas, le dices simplemente que no la conoce. Ves en el noticiario arrestos, guerras y violaciones mientras el niño juega al lado. O escuchas en la radio las noticias sobre el último secuestro al conducir al niño al colegio. El adulto pretende que el niño está ausente, sordo o ciego.

El resultado de inmiscuir al niño en el mundo adulto es que lo atemorizas. Le permites que presencie y escuche situaciones que emocionalmente es incapaz de digerir, y se angustia. Al escuchar en la telenovela que el padre ha abandonado a la madre, el niño hace la transferencia a su vida y sufre pensando que eso mismo le puede ocurrir a su familia. Si ve en el noticiario asesinatos que ocurren en el Medio Oriente, y al no tener noción espacial, piensa que ocurre en la casa vecina. Ninguna explicación consuela o atenúa la zozobra sufrida.

En un colegio de la Ciudad de México, la maestra avisó a los alumnos que no podrían salir al recreo en el jardín. Una niña se acercó y le dijo al oído: "Maestra, yo sé por qué no podemos jugar en el jardín. ¡Porque la lava del Popo ya quemó el pasto!"

Seguramente esta niña había escuchado los noticiarios de esa semana que anunciaban el peligro de erupción del volcán Popocatépetl. Era un hecho, para ella, que la lava ya había cubierto el jardín de la escuela y estaba por entrar al salón de clases.

¡Peligro! Especie en extinción: el niño inocente

El precio que pagan los niños en la actualidad, por la integración de esos dos mundos, es muy alto. Significa la pérdida de la inocencia. Antiguamente, niñez era sinónimo de inocencia; pero hoy en día ya ni sabemos cómo se escribe esa palabra. ¿Inocencia se escribirá con *h*?, te preguntas.

Cuando arrancas al niño de su mundo infantil, de ese mundo mágico donde se maneja a su antojo y se encuentra seguro, para incluirlo en el mundo adulto, se vuelve impotente y desvalido. Lo mandas a la guerra sin fusil. Como la fruta que ha sido madurada artificialmente, que conserva la bella apariencia, pero ya no tiene sabor, al perder el niño la inocencia, el alma se encoge y endurece. El mundo deja de ser bello y seguro para tornarse incierto y amenazante. El niño deja de confiar y se protege con cinismo y agresión. Cambia la alegría de vivir, por el resentimiento de existir. ¡Y después nos sorprende saber que la depresión infantil va en aumento!

Al finalizar una conferencia se acercó un padre con mirada angustiada:

"Escuché un reportaje sobre abuso sexual de niños, y tratando de proteger a mi hijo de 5 años, lo senté y le expliqué todo lo que le podía ocurrir si no se cuidaba. A partir de ese momento no duerme bien ni se separa de mi lado, vive con mucho miedo. ¿Qué hago?"

¿Cómo desandar lo andado y regresarle a un niño su inocencia? "Perdón, me equivoqué, borra lo que te dije y desecha tu miedo". Si se pudiera, yo sería la primera en crear una campaña para devolverles, gratuitamente a todos los niños, la inocencia. Sería una labor que beneficiaría a la humanidad entera. La realidad es otra: al perder el niño la inocencia antes de tiempo, pierde un tesoro irrecuperable. Rasgamos su alma al enfrentarlo a un mundo crudo e incomprensible, que parece contener solamente dolor.

Aunque es una fantasía, la película *La vida es bella* muestra la historia de un padre que en la peor de las circunstancias intenta preservar la inocencia de su hijo. ¿Por qué gustó tanto esa película? Porque apela a ese anhelo inconsciente que tenemos de conectarnos con la parte bella de la vida, y desechar la injusticia, el dolor y la degradación.

¿Cómo es este niño inocente?

Es espontáneo, ocurrente, tierno, y se siente contento de existir. Su abrazo entusiasta es abierto y confiado. Sus movimientos, ligeros y graciosos. Vive lleno de asombro y cada detalle del mundo lo maravilla. Sin esfuerzo alguno percibe y toca la bondad en cada uno de nosotros. Eres lo que eres, y con eso es feliz. No espera nada y espera todo. Si lo contemplas, verás que aún tiene brillo en los ojos.

El niño inocente es tan bello que pregunto: ¿para qué cambiarlo? ¿Por qué preferir a un niño desfasado, desconfiado, de movimientos erráticos y nerviosos que quiere pretender que nada lo impresiona, pero que en la noche no puede dormir? Si al niño se le mantiene protegido e inocente y se le permite madurar lentamente, cuando despierta a la vida tiene la fuerza que necesita para enfrentarla.

¡Apúrate, mi hijita!

El cambio de ritmo en nuestras vidas ha sido la causa más importante en la transformación de la dinámica familiar. Si preguntas a una niña de 2 años cómo se llama, puede que te conteste: "Apúrate". "¿Y tu apellido?" "Mi hijita". ¿Por qué? Porque son las palabras que más escucha durante el día.

Luisa, de 3 años, está aún dormida cuando escucha la voz de su madre: "¡Apúrate, hija! Levántate, que se nos hace tarde". Luisa se sienta lentamente en la cama y cuando oye al perro ladrar va a la ventana. "¿Qué haces? No tenemos tiempo que perder, ven a que te vista". La madre le empieza a quitar apresuradamente la pijama. Luisa toma un zapato y trata de ponérselo. "Así no, nena, deja que yo lo haga y así acabamos más rápido".

La madre, en pocos minutos, la termina de vestir y la carga al baño. La sienta en el excusado mientras le humedece el pelo. Luisa coge un pedazo de papel de baño y empieza a hacer bolitas. "Estate quieta, no hagas tonterías".

La toma de la mano y la conduce a la cocina, donde le sirve un plato de cereal con leche. "Quiero un huevo revuelto". "No hay tiempo para hacer huevos revueltos; cómete el cereal, que se nos hace tarde para el colegio". Luisa, con la cuchara, sumerge las bolitas de cereal y observa cómo vuelven a flotar. "Qué haces, por Dios, deja de jugar y come!" La madre se sienta a su lado y le da de comer en la boca. La niña protesta, pues siente que se ahoga. "Sécate con la servilleta y súbete al coche. Corre, que se hace tarde". La madre, con refrigerio y suéter en mano, la toma del brazo y la arrastra al automóvil. "Si nos toca tráfico no llegamos. ¡No puede ser! ¡Tenemos que pasar por gasolina!"

Al pensar en esta situación, no sabes quién te da más pena, la madre o la hija. Lo cierto es que están envueltas en un torbellino y a la niña no le queda más remedio que seguir el paso.

"Apúrate, Eligio". "¿Adónde vamos, mamá?" "No sé, pero apúrate".

Esta madre no miente ni le está ocultando a su hijo la razón de su prisa; realmente no sabe por qué está apurada. Cuando la prisa invade, se convierte en un estilo de vida. El niño, desde pequeño, aprende que no hay peor cosa que perder el tiempo. Debe aprovecharse siempre, y al máximo. Con este argumento, se elimina el juego de su vida. El tiempo debe ser empleado de manera constructiva y deberá tener un propósito educativo.

María llega al club y se encuentra a Lucía, quien pone el traje de baño a su hija de 3 años.

"¡Cómo!, ¿aún no la mandas a la escuela? Bueno, es tu primera hija, pero ya es un poco grandecita para estar en casa, ¿no crees? Catalina va al colegio desde el año y la semana pasada empezó a leer y ya sabe usar la computadora. Solo 4 años, pero claro, es muy lista. ¿Te acuerdas de ella? Y bueno, ayuda que la puse en el mejor colegio bilingüe. Es muy caro, me cuesta 'un ojo de la cara'. ¿Y cuánto crees que gasté en libros? Mejor ni te digo, un escándalo. Como dice la directora, esta es la edad para estimularlos. Yo no hablo muy bien inglés, pero lo poco que sé, se lo repito constantemente. Acabo de inscribirla en unas clases en la tarde para que se entretenga. De esta manera, cuando llega a casa, únicamente hace la tarea y a la cama. ¡Ah!, te quería recomendar la nueva tienda de juguetes educativos, así juega y aprende. No quieres que se quede atrasada, ¿o sí?"

Cuando María se retira, Lucía se queda con un nudo en el estómago mientras observa cómo "pierde el tiempo" su hija chapoteando en la alberca.

Aún no me queda claro: ¿por qué, si ahorras tanto tiempo, vives tan apresurada? ¿Qué sucede con el tiempo ahorrado? ¿Quién se lo queda? ¿Te estarás engañando?

El tiempo ahorrado

Paradojas de la vida: cuando el niño es pequeño y ansía convivir contigo estás muy ocupado para atenderlo. Cuando por fin ya tienes tiempo, él tiene otros intereses y te hace a un lado. Ahora prefiere a sus amigos y a la novia.

Al confundir las prioridades, olvidas el lugar preponderante que un hijo ocupa en la vida. Olvidas que será niño por unos cuantos años solamente. Que no te esperará, por siempre, parado en la puerta. Que no necesariamente serás el primero en su corazón, ni al que busque para llorar los sinsabores. Olvidas que el tiempo también transcurre en él, y que una vez que la niñez se acaba, ya no regresa. Su compañía es un regalo para gozar ¡en el presente!

En resumen, puedes decir que el precio de la prisa es que:

- Abandonas el presente.
- Vives disperso.

- Desligas el pensamiento del sentimiento.
- Estás irritable e impaciente.
- No te das el tiempo para digerir las experiencias.
- No sabes lo que quieres.
- Confundes y olvidas tus prioridades.
- Pierdes el gozo y la alegría de vivir.
- Olvidas el verdadero sentido de la vida.

Preguntas para reflexionar

○ ¿Estoy siempre con prisa? ¿Siento que no tengo suficiente tiempo?
○ ¿Estoy cansada, irritable e impaciente?
○ ¿Me quejo constantemente de mi hijo? ¿Lo regaño con mucha frecuencia? ¿Me desespera?
○ ¿Qué puedo hacer para estar más relajada? ¿De cuáles actividades puedo prescindir para estresarme menos?
○ ¿Cuáles son mis prioridades? ¿Estoy atendiéndolas? ¿Mi hijo es la prioridad principal?
○ ¿Estoy dispuesto a dedicarle más tiempo? ¿Qué tengo que hacer para que esto sea posible?

Las siguientes afirmaciones te ayudarán a soltar la prisa para dedicarle más tiempo y mayor atención a tu hijo.

Afirmaciones para padres con prisa

✧ Me detengo, para alimentar con atención, la relación con mi hijo.
✧ Tomo el tiempo, para disfrutar y gozar de mi hijo.
✧ Suelto mi prisa, para conectarme con mi hijo.

El niño paga el precio de la prisa

El niño, desde que nace, comienza a establecer dos conexiones: una interior y otra exterior. La interior es con su cuerpo, para aprender a dominarlo y dirigirlo; la otra, con el mundo exterior. Explora a través de sus sentidos y es por eso que toca, huele y se mete todo a la boca. También aprende a conectarse con las personas de su entorno.

Estas dos conexiones le permiten, por un lado, integrarse como persona, desarrollar la individualidad y sentirse un ser independiente de su contexto: reconocer el *yo*. Por el otro, aprende a relacionarse y a pertenecer a ese entorno. Individualizado, pero unido a la vez.

Esta es la paradoja con la vive el ser humano: ¿cómo mantener un sentido claro de la individualidad, al mismo tiempo que busca conectarse y pertenecer?

Intenté resumir este proceso de manera muy esquemática, pero no dejo de reconocer que, realmente, es un tema muy complejo. Si dicho proceso no se realiza de manera adecuada, aparecen en el niño problemas de toda índole: trastorno de déficit de atención, hiperactividad, depresión, entre otros. Aunque en algunos casos influyen otros factores, la vida poco saludable que lleva el niño en la actualidad, contribuye al aumento desmedido de estas dificultades.

Como menciona el doctor David B. Stein en su libro[3] sobre déficit de la atención: "Sabemos que el entorno definitivamente afecta nuestro comportamiento y nuestro pensamiento, y puede afectar la estructura de nuestro sistema nervioso. Los estilos de vida estresantes pueden producir cambios

---

[3] Stein, David B., *Mi hijo se distrae en la escuela*, Grijalbo, México, 2004, p. 49.

conductuales, cognitivos y físicos. Al igual que los estilos de crianza".

De visita en un colegio privado en Estados Unidos, hace más de diez años, me comentaba la directora que, cerca del 30% de los niños de la institución necesitaba de algún tipo de ayuda, ya fuera física o emocional.

Por eso, vale preguntarnos: ¿qué ocurre si apuramos al niño cuando hace estos intentos por autodescubrirse? ¿Qué sucede si por la prisa interrumpimos estas tentativas del niño por relacionarse con el mundo que lo rodea?

Aarón, de 2 años, está absorto viendo cómo llueve. Escucha el ruido de las gotas que golpean el techo y observa cómo se deslizan por el vidrio y recorren la ventana a lo largo. Fascinado por el brillo del agua que se escurre, acerca un dedito, pero se sobresalta al escuchar a su madre: "Aarón, ¿qué haces? Te he buscado para que te cambies, en unos minutos llega tu tía y saldremos de compras. ¡Apúrate!"

Aarón, desconcertado, se resiste cuando la madre lo jala del brazo. "No tengo tiempo para tus payasadas, te vistes porque te vistes ¿me oyes?"

El niño trata de conectarse, pero nosotros lo desconectamos. Tendemos a pensar que las actividades del adulto son más importantes que las del niño.

La madre sube las bolsas del mercado al automóvil. Aarón descubre el borde de cemento de la jardinera. Fija su atención para no perder el equilibrio. Pisa con un pie, luego el otro, con cuidado para no caer.

La madre cierra la cajuela del automóvil y, con dos pasos, alcanza a Aarón por detrás, lo alza de las axilas y lo mete al coche. El niño sorprendido, protesta: "¡Déjame!" "Ya se nos hizo tarde Aarón, y nos faltan muchas cosas por hacer".

Caminar por el borde guardando el equilibrio es una tarea muy importante para Aarón y requiere de toda su concentración.

La madre bien pudo dedicar un par de minutos a observar la maravilla que sucedía frente a sus ojos: la práctica esmerada de su hijo, en una habilidad crucial de equilibrio. El niño se puso un desafío a vencer, e iba a lograrlo.

Si se interrumpen frecuentemente los intentos del niño de conectarse consigo mismo, con los que lo rodean o con el medio ambiente, pierde confianza, se vuelve nervioso, disperso o se retrae y deprime. Muchos niños que presentan estos problemas, son el resultado de la vida apresurada que llevan, que no les permite anclarse en la vida de manera adecuada. Se sienten perdidos en un mundo desconocido y exigente, a merced de las corrientes que los arrastran.

En conclusión, el precio de tu prisa es muy alto. ¿Por qué pagar con terapias y medicamentos algo que puedes prevenir con darle al niño el espacio y el tiempo necesario para crecer? Espacio y tiempo que le permiten ser niño, sin parámetros absurdos que alcanzar, ni competencias que ganar. Espacio y tiempo para jugar, para explorar, para disfrutar.

En estos primeros años, el niño establece conexiones vitales con su ser y el medio ambiente. Cuando le das el cuidado y el tiempo para crecer sanamente, tanto emocional como físicamente, le ofreces las condiciones para que desarrolle su máximo potencial. Entonces, reafirma la seguridad y autoconfianza para aprovechar las oportunidades que la vida le presenta.

Acompañarlo respetuosamente es este proceso ¡es un privilegio!

capítulo 3

¡BIENVENIDO EL ESTRÉS!

Adiós a las rutinas

Si analizamos la relación con la comida, a lo largo de la historia de la humanidad, verás que en esta época hemos vuelto a los inicios. Desde que el hombre primitivo, que vivía como animal y cazaba a su presa para asarla y comerla, la humanidad se ha refinado paulatinamente. Pasó de comer a la intemperie con las manos, a comer sentado con utensilios y adornos en las mesas, y los platillos se tornaron más y más sofisticados. Invitar a compartir una comida familiar empezó a considerarse un honor. La hora de comer era un momento de convivencia familiar, en donde se exigía la máxima educación y consideración hacia los demás. Los buenos modales y la cortesía eran muestras importantes de educación. Las ocasiones especiales se celebraban, siempre, alrededor de la mesa, como una oportunidad de vivir en buena armonía con la familia y con los amigos. Al comer se nutría el cuerpo y también el alma.

Pero con este cambio en el ritmo de nuestras vidas estamos completando el giro de 360 grados y retornando a nuestro origen animal. Gracias al *fast food* comemos cualquier cosa, de cualquier manera y a cualquier hora. Saciamos el hambre rápidamente como el hombre de las cavernas: sin utensilios, con las manos, parados y, muchas veces, solos. ¿Dónde queda el niño en esta nueva modalidad? Como un anexo de la vida apurada: que coma cuando pueda, lo que pueda y como pueda. Que duerma como pueda, donde pueda y cuando pueda: es la ley de *adaptarse o morir*. El niño se adaptará, pero ¡pagará con el precio de su bienestar! Palabra poco usada en esta época. Porque ¿a quién le interesa que el niño esté bien? Esta prioridad ocupa el final de la lista y, a decir verdad, la olvidamos. Las rutinas nos parecen cosa del pasado, son anticuadas. El padre moderno tiene mucho qué hacer y el niño que se aguante.

Es verano y hace mucho calor. Carina sale de compras con su hija, de cuatro semanas de nacida, quien viste ropa muy ligera. Entran al súper climatizado y llegan al pasillo de refrigeradores de comida congelada y escoge varios productos que pone en el carrito al lado del bebé. Al terminar, salen nuevamente al calor del estacionamiento.

En la noche la niña no puede dormir porque tiene la nariz tapada y algo de fiebre.

Un bebé no es un adulto pequeño. Las abuelas de antaño insistían en que el recién nacido debía permanecer cubierto y protegido durante los primeros meses de vida, en casa. Su instinto materno las llevaba a comprender que las necesidades del niño y del adulto son diferentes.

Es cierto que hoy en día, en muchos casos, es imposible dejar al bebé en casa y que las madres no tienen ayuda ni apoyo de los familiares. Pero tomar en cuenta y proteger al pequeño evita que la madre sufra las consecuencias con un niño enfermo en casa, infeliz, irritable y malhumorado.

Son las 9:00 p. m., Alicia se forma al final de una larga fila para pagar en el supermercado. Damián, de 1 año, llora desaforadamente, la madre abre un paquete de donas y le ofrece una. El niño, enojado, avienta la dona. Una señora intenta simpatizar: "Pobre, ya es muy tarde y ha de estar cansado. ¡Cómo son lentos para cobrar en este supermercado! Debería haber más cajeras". La madre, despreocupada, le contesta: "No, no puede estar cansado, se durmió toda la tarde en el coche. Este niño siempre está de mal humor".

El niño que nunca sabe qué va a comer, ni cuándo comerá, se vuelve caprichoso pues nunca sabe qué esperar. El soporte y la seguridad que le ofrece una rutina diaria le hace falta.

Muchos niños etiquetados como niños demandantes, de mal carácter, enojones, inatentos, solo están estresados. Si la madre crea una rutina estable, para que coma y duerma a sus horas y sin prisa, estos niños se transforman en niños encantadores. Aquellas madres que lo hacen, se dan cuenta que un niño descansado y bien alimentado, es un niño ¡relajado y contento!

Preguntas para reflexionar

- ¿Está mi hijo irritable, cansado y de mal humor? ¿Está estresado? ¿Cómo puedo ayudarlo para que viva más relajado?
- ¿Tiene una rutina para comer y dormir? ¿Tiene problemas para dormir o comer?
- ¿Tiene tiempo para jugar? ¿Tiene demasiadas actividades?
- ¿De cuáles actividades puede prescindir?

El efecto Dr. Jeckyll y Mr. Hyde

Una grave consecuencia causada por la falta de rutina es el efecto denominado: *Dr. Jeckyll y Mr. Hyde*.[4] Los padres que son un ejemplo de paciencia, que con serena calma aguantan al hijo durante el día, que dan la impresión en público de que absolutamente nada los puede turbar, de noche, estallan. Como la liga que se estira y estira hasta que por fin revienta.

Al dar las 11:00 p. m. y el niño aún no para, la madre se transforma en un monstruo histérico que dice lo imperdonable, que lastima y ofende. Termina acostándolo con gritos y nalgadas. Una vez dormido el niño, la madre se echa en un sillón a rumiar una enorme culpa, que le impide disfrutar el poco tiempo restante antes de dormir. A la mañana siguiente, despierta con ese vago recuerdo de una noche vergonzosa que prefiere olvidar, para nuevamente complacer y soportar sin límite alguno, las exigencias del hijo.

Si no conoces a estos padres en momentos de crisis te parecerá inconcebible que sean capaces de alterarse. Pero *el que mucho aguanta, ¡mucho explota!* Que sean complacientes, un ejemplo de paciencia, y estén siempre al servicio del hijo, no por ello se les puede considerar como padres ejemplares, ya que reprimen temporalmente sus emociones y terminan expresándolas de manera por demás ofensiva, y a veces, violenta.

---

[4] La autora se basó en los personajes del libro *El extraño caso del doctor Jekyll y el señor Hyde* (*Strange Case of Dr. Jekyll and Mr. Hyde*), escrita por Robert Louis Stevenson. El libro es conocido por ser una representación vívida de un trastorno psiquiátrico que hace que una misma persona tenga dos o más identidades o personalidades con características opuestas entre sí.

Un día los dos hijos adolescentes de una mujer que todos consideraban una "santa" por su impresionante paciencia, comentaban frente a ella, riéndose: "¿Te acuerdas de esa noche cuando éramos niños, que mi mamá estaba muy enojada, nos sacó a la calle en pijama y cerró la puerta de la casa con llave, mientras gritaba como loca que ya no nos soportaba?"

¡Nunca lo habría imaginado! Pero era de esperarse. Hay que tener paciencia para tratar a un niño, sí, pero debe venir acompañada de límites claros basados en el respeto mutuo, es decir: te respeto, pero a cambio, me respetas. Se debe reconocer que la libertad del niño termina donde comienza la del padre. Si bien es cierto que un niño relajado es un niño contento, lo mismo puedes aplicar a los padres. Estar relajado no significa padecer una ceguera que te vuelva irresponsable, hasta el punto de permitir que el niño haga lo que le venga en gana.

Celina, acompañada de su hija Melisa de 4 años, entra a una tienda de cosméticos y se encuentra con su prima Daniela, que tiene varios años de vivir en Europa. Mientras ellas platican, Melisa comienza a jugar con las muestras de maquillaje. La empleada del lugar corre a quitárselas y hace señas a la madre para que venga por su hija, quien se gira, disimuladamente, para alejarse lentamente.

Ser padres las 24 horas es una tarea agotadora. La mejor madre deja de serlo. Se requiere de mucha energía para educar, y es por ello es que los padres necesitan recargar baterías todos los días, cuando los hijos duermen. Si me doy tiempo para recuperar energía sin el niño, y satisfago mis necesidades y descanso, regresaré a la tarea de ser padre con gusto. Como la advertencia de seguridad cuando viajamos en avión: "En caso de pérdida de presión, primero deberá ponerse la mascarilla el adulto, para después colocársela al niño". Otra forma de expresarlo es: *el adulto primero deberá atenderse a sí mismo, antes de ocuparse del niño.*

El niño intelectual con cabeza de champiñón

Para algunos, educar en esta época permisiva significa saturar de información, lo antes posible, al niño. *Más es mejor* en toda circunstancia. Si puede leer a los 7 años, por qué no intentar que lo haga a los 5; si puede a los 5 años, por qué no a los 3. Y es así que llegamos a descubrir que puede leer en la cuna. Me pregunto: ¿qué puede interesarle leer a un bebé cuando aún no descubre ni su cuerpo ni el mundo que le rodea?

Para aquellos que proponen que el bebé aprenda a leer habría que preguntarles: ¿con qué objeto? ¿A quién le interesa que aprenda a leer, al adulto o al bebé? ¿Educan a un ser humano o entrenan a un mono? ¿Pretenden exhibirlo para mostrar su increíble inteligencia, que seguramente heredó de los padres? Como quien presume de los últimos trucos que aprendió su mascota.

Habrá que replantearnos preguntas básicas: ¿qué significa ser padres? Este niño ¿es un ser que merece mi profundo respeto o es un objeto que puedo utilizar y manipular a mi antojo? ¿Cuáles son sus necesidades básicas y cómo debo satisfacerlas adecuadamente?

En el afán de llenar al niño de información para presumir de su inteligencia y exhibirlo como trofeo, le provocamos un desequilibrio terrible. Ahora el niño está saturado de información que no sabe cómo ni cuándo utilizar. Tiene conocimientos que, más que ayudarle, le estorban.

Cuando era maestra de preescolar, Beto, un niño de 4 años, me gritó desde el jardín: "Maestra, maestra, ¡corre! ¡Sonia se cayó y se raspó la rodilla y está perdiendo miles de millones de glóbulos rojos y blancos!" En otra ocasión, en el salón de clases, ese mismo niño se me acercó llorando y al preguntarle qué le sucedía, me respondió: "Maestra, ¿te das cuenta de cuántas personas están sufriendo y muriendo en este momento alrededor del mundo?"

Intrigada por el dolor de este niño tan pequeño, cité a los padres. Ellos me confesaron que todas las noches, en lugar de contarle un cuento antes de dormir, le leían una parte de la enciclopedia ¡para hacerlo más inteligente! También los acompañaba a ver los noticiarios. Con la buena intención de que los hijos sean cada vez más listos, estamos creando una nueva generación de *niños champiñón*, con una cabeza muy desarrollada, pero claramente fuera de proporción con el resto del cuerpo.

El conocimiento sin un corazón maduro que lo dirija, puede convertirse en un arma peligrosa, en manos de este ser en formación. Recordemos algunos sucesos muy difundidos por los medios de comunicación, niños maltratados o muertos en manos de otros niños, que solo repetían aquello que habían visto en las caricaturas o en videojuegos. Imitan sin entender las consecuencias. Información equivocada en corazones aún en pañales. ¿Tienen acaso ellos la culpa?

Al educar a un niño desequilibradamente, este se vuelve nervioso, ansioso o con déficit de atención. Características que parecen enfermedades epidémicas en los niños de hoy. Como la pequeña planta que necesita de los rayos del sol para crecer y echar sus raíces, el niño pequeño necesita crecer envuelto en un capullo de calor: calor físico, al tenerlo bien arropado;

calor emocional, a través de un trato gentil, suave y amoroso, y calor en la educación a través del arte, la música y la narración de cuentos que le ayudarán a desarrollar la imaginación.

Joaquín, de 9 años, pregunta: "Mamá, ¿qué es sexo?" La madre nerviosa, le contesta: "Pregúntale a tu padre cuando llegue de trabajar". El niño espera impacientemente hasta que escucha al padre abrir la puerta. "Papá, ¿qué es sexo?" El padre ve de reojo a su esposa, quien finge no escuchar y estar muy ocupada.

El padre conduce al niño a su recámara y cierra la puerta. Comienza por explicarle: "Hijo, tú sabes que nuestra perra Blanca es diferente a Bruno, el perro que tiene el vecino..."

Después de una hora, Joaquín sale del cuarto, revisa su cuaderno del colegio y saca una hoja impresa. "Pero papá, ¿cómo anoto todo eso en este cuadrito tan pequeño que dice *sexo?*"

Joaquín quería saber cómo llenar un formulario. Si la madre hubiera dialogado con él, se habría dado cuenta de que la respuesta requerida era muy sencilla.

Tienes que conectarte nuevamente con el niño y con tu sentido común para saber qué información necesita tener de acuerdo a la edad, y en qué dosis.

Cuando el niño pregunte, recuerda: en lugar de dar una larga y complicada explicación, contéstale con otra pregunta. *Averigua exactamente cuál es su inquietud y de dónde proviene.* La respuesta debe corresponder a la duda y preocupación de su mundo infantil, que es un mundo muy distinto al del adulto. Al dar más información de la que el niño pide, lo saturas, y muchas veces termina confundido.

El hijo calificación

Rosario tiene 10 años y cursa el cuarto grado de primaria. Tiene cita en la dirección acusada de falsificar la firma del padre en la boleta de calificaciones. Aterrada, Rosario espera la llegada de su padre, quien ignora que reprobó matemáticas.

Recuerdo este incidente cuando era coordinadora de colegio. Nos sorprendió que esta niña tan pequeña hubiera intentado copiar la firma de su padre. Había, seguramente, practicado bastante tiempo para lograrlo. ¿Qué la llevó a hacerlo? El miedo. Miedo al castigo, al rechazo, a la desaprobación de su padre. Rosario tenía problemas de aprendizaje que los padres se rehusaban a aceptar.

Si lo que más valoras en tu hijo son sus logros académicos, sufres una ceguera terrible. ¿Acaso es superior el hombre intelectual a quien tiene un corazón generoso o a quien es un artista talentoso? ¿Quién garantiza que solo aquél que obtenga las mejores calificaciones tendrá asegurado el éxito y, a la postre, estará satisfecho consigo mismo? Afortunadamente han surgido trabajos como los realizados por el doctor Howard Gardner y el doctor Thomas Armstrong, quienes describen el fenómeno de la inteligencia múltiple del ser humano. Exploran y valoran otras inteligencias además de aquellas de tipo lingüístico y lógico-matemático.[5] ¿Por qué solo valorar las habilidades intelectuales que te hacen destacar en lo académico?

---

[5] Gardner, Howard, *Multiple Intelligences*, Basic Books, Nueva York, 1961. Armstrong, Thomas, *Inteligencias múltiples en el salón de clases*, Asociación para la supervisión y desarrollo de programas de estudio, Alexandria, Virginia, 1995.

"Oye Raquel, ¿cuántos hijos tienes? ¿Cómo son?" "Pues mira Nicole, tengo tres: Un 10, un 8, y un burro, un 4. Pero ¿qué le vamos a hacer? ¡No pueden salir todos buenos!"

Algunos padres no se atreven a decirlo con estas palabras, utilizan un leguaje más sutil, pero el contenido es el mismo: el hijo es una calificación solamente. Se explayan cuando se refieren a las hazañas del hijo brillante. Se les llena la boca hablando de sus premios, reconocimientos y títulos, pero al hijo "burro", ni lo mencionan. Este niño queda excluido y se convierte en la vergüenza de la familia.

¿Quién te ha hecho creer que la única manera de valorar a tu hijo es mediante una calificación? ¿Acaso es posible reducir el valor de un ser humano a un número o una letra? Cuando los padres llegan a esta conclusión simplista y absurda, utilizan todos los medios a su alcance para lograr que destaque, y convertirlo en el orgullo de la familia. Muchos padres se valen de premios y recompensas para lograr este objetivo.

"¿Qué crees? Mi papá me ofreció comprarme el reloj que vimos el otro día en el centro comercial, ese carísimo de la vitrina, si subo mi promedio. Así que, ni modo, hoy no iré con ustedes a la fiesta porque tengo que estudiar", le dice Ernesto a su amigo por teléfono.

Ernesto tiene una idea distorsionada del motivo por el cual estudia. Al ofrecerle una recompensa, la atención se enfoca en el premio y no en el proceso de estudiar. Le dan a entender que la única razón válida para realizar un esfuerzo, es recibir algo a cambio.

Cierto día, uno de mis hijos, cuando cursaba la preparatoria, me preguntó por qué a ellos nunca les había ofrecido un premio por estudiar como lo hacían los padres de sus compañeros. Le contesté: "Si yo te preguntara cuánto debo pagarte para que aceptes que te regale un automóvil, ¿qué pensarías de mí?" Me miró asombrado y me contestó: "Pues que estás loca, no necesitaría que me dieras algo cambio". "Entonces, ¿por qué quieres que te ofrezca algo para que aceptes el privilegio de estudiar? Estudiar es mucho más valioso que el automóvil más caro del mundo. Un automóvil es solo un bien material que va y viene, mientras que la educación te acompañará por el resto de la vida. Es el regalo más importante que como madre te puedo dar. "¿Debo ofrecer algo para que lo aceptes?"

Estudiar es un privilegio. Hay muchas personas que desearían tener esa oportunidad y que no la tienen. ¿Por qué razón habría que premiar a aquellos que gozan de él para que lo aprovechen? ¡Es absurdo! Al ofrecer una recompensa disfrazada de "estímulo" para que parezca un concepto moderno e inofensivo, le das a entender al niño que estudiar es un mal inevitable que debe soportar. Que es una actividad tediosa, una pérdida de tiempo y que lo único importante es la calificación. El mensaje que le das es:

Hijo, como estudiar es una monserga, te ofrezco un premio a cambio, para que valga la pena tan desagradable esfuerzo.

En esta época permisiva, se enseña al hijo a despreciar el estudio y se refuerza en él, erróneamente, una actitud materialista.

Por otro lado, recompensar a tu hijo es tratarlo indignamente, pues lo "entrenas" a que haga lo que tú quieres sin la menor consideración. Equivale a amaestrarlo como el perrito al que le arrojas una galleta si hace una gracia, o como al caballo que le das unas palmaditas al ganar la carrera. ¿Hay alguna diferencia al comprarle al niño el aparato tecnológico más moderno cuando saca el primer lugar en la clase? Le arrebatas la posibilidad de valorar la satisfacción de vencer un desafío. Proponerse metas y lograrlas, sentir el orgullo de vencer sus debilidades, no tendrá sentido para él. Cuando ofreces recompensas, lo subestimas, pues lo consideras como una mascota cuya única finalidad es complacerte. El niño hará el esfuerzo, pero por las razones equivocadas.

Preguntas para reflexionar

○ ¿Trato a mi hijo como si fuera una calificación?
○ ¿Qué es más importante para mí, la calificación o que disfrute aprender? ¿Valoro más el resultado que el proceso?
○ ¿Presiono a mi hijo para que sea "el mejor de la clase"?
○ ¿Por qué es tan importante para mí? ¿A quién trato de impresionar con sus logros? ¿Veo a mi hijo como un trofeo?
○ ¿Utilizo recompensas para estimularlo?
○ ¿Qué expectativas académicas tengo de mi hijo? ¿Qué ocurrirá si no las cumple?
○ ¿Condiciono mi amor a que cumpla con estas expectativas?

capítulo 4

¡AUXILIO, NO PUEDO SACAR A MI HIJO DE MI CAMA!

Padres agotados

¿Qué ocurre con estos padres que viven con prisa, tienen tanto qué realizar y carecen de rutinas?

Las parejas jóvenes viven bajo una presión social muy alta, y si a ese ritmo de vida le añades un bebé, muchos recurren a la "solución" de integrar al nuevo miembro de la familia al mundo adulto, para continuar en esa carrera autoimpuesta, frenética y absurda. Viven agobiados ya que nunca tienen un verdadero descanso.

Anteriormente, a las 7:00 u 8:00 p. m. podían exhalar un suspiro de alivio: "¡Uf, por fin se durmieron!", mientras observaban complacidos cómo descansaban los hijos. Entonces tendrían unas horas para recargar baterías y recuperarse del desgaste de ser padres. Eran tres o cuatro horas para relajarse y hacer cosas de adulto, para compartir con la pareja, para hablar con los amigos o simplemente ver un programa en la televisión. "Ah caray, no solo soy madre, ¡también soy una persona que tiene deseos y necesidades propias!" Entraban en contacto consigo mismos. Esas horas también permitían alimentar la relación con la pareja, sin las interrupciones de un niño.

Al eliminarse un esquema de rutinas que implica orden, nada de esto es posible. El niño sigue siempre presente a altas horas de la noche, hasta que todos, por agotamiento, caen dormidos. Y si el niño duerme en la cama de los padres, como es costumbre ahora en muchas familias, el eterno recordatorio de la maternidad y paternidad los perseguirá hasta en sueños. La madre nunca deja de ser madre, y el padre, tampoco.

Muchos padres se quejan de que a pesar de acostar al niño en su recámara, este se pasa a la suya y, con razón, están hartos. Esta situación es generada por ser permisivos e integrar al niño en el mundo del adulto.

¿Por qué se ha convertido esta situación en un dilema? Hace algunas décadas no era un problema común. ¿Qué ha ocurrido para que ahora sea una epidemia?

En un esquema autoritario, los padres tenían muy claro el lugar de los hijos y el suyo. Los espacios físicos estaban claramente delimitados, pues el niño era educado desde pequeño para respetarlos. A un niño no se le ocurría hurgar en la bolsa de su madre como entretenimiento, y si lo hacía, sabía que de ser descubierto, lo reprenderían. El escritorio del padre era un lugar sagrado. El niño solo exploraba a escondidas y a sabiendas que corría el riesgo de ser sorprendido y castigado. La recámara de los padres pertenecía solo a la pareja y era un espacio vedado para ellos. Los límites para el niño en este sentido eran muy claros; el niño no suplicaba quedarse todas las noches en la cama de los padres, ni ellos se sentían culpables por no complacerlo.

Pero en esta época permisiva esto ha cambiado. Ahora todo es de todos, y el niño se siente con libertad de invadir cualquier espacio sin límite alguno. Es así como el niño termina en la cama de los padres, y ellos se sienten impotentes para corregir esta situación.

Revisemos, pues, algunas *razones equivocadas* por las que se permite que el hijo duerma en cama de los padres.

Por comodidad

Muchas madres, cuando amamantan al bebé, encuentran muy cómodo que el bebé duerma con ellas. Les evita la molestia de levantarse y la madre disfruta de la cercanía. La simbiosis es absoluta.

Pero ¿qué sucede si con el paso del tiempo los padres se acostumbran a tener al niño en la cama? Al tratar de que duerma por separado encontrarán clara resistencia y será comprensible. Dormir juntos ya se convirtió en un hábito, y todos sabemos cuán difícil es romper un hábito. Esta separación la experimentará el niño como una especie de destete, y a mayor edad, mayor resistencia ofrecerá.

En cambio, si desde bebé duerme en una cuna situada en otra habitación, él aprenderá que ese es su lugar para dormir. Es cierto que implica mayor esfuerzo para la madre, pues deberá ir a otro cuarto cuando el niño la necesite, pero a la larga, se evitará el problema de tener que desterrarlo de su recámara.

Porque te da placer

El placer es una parte importante de la vida, pero nunca deberá ser a expensas del beneficio del niño. Esto significa que, si la elección que produce placer tiene consecuencias negativas, habrá que evitarla. A menudo, los adultos disfrutan de hacer cosas con los niños pequeños sin tomar en cuenta el efecto que tendrá en ellos en el futuro.

Magda Gerber, reconocida educadora en Estados Unidos, proporciona un ejemplo del respeto profundo que merece el niño.[6] Un día se encontró con una madre que traía en brazos a su bebé y que le preguntó si quería cargarlo. Magda le respondió: "No sé, ¿el bebé quiere que yo lo cargue?" Hay muchas vivencias que te dan gusto como padre o madre, y una de ellas puede ser que tu hijo duerma contigo. Verlo acurrucado a tu lado a la edad de 3 años resulta encantador, pero eso no significa que sea lo mejor para él. Cuando se trata de educar, tienes que elegir aquello que más lo beneficie a largo plazo. La pregunta siempre es ¿cómo afectará esto a mi hijo el día de mañana? Si solo consideras eso que te genera placer momentáneo dejarás de tomar en cuenta las consecuencias a futuro.

"Mi hijo tiene 11 años y su grupo de sexto grado tiene programado un viaje de tres días a Acapulco, el siguiente fin de semana. Lleva dos días con malestar estomacal, y creo que es porque está nervioso. Nunca ha dormido fuera de casa y todavía se pasa, por la noche, a nuestra cama."

Porque su presencia llena tus huecos emocionales

A partir de que Griselda se divorció, su hijo Rubén, de 5 años, empezó a dormir con ella. Al año de divorciada conoció a Gilberto, y después de año y medio de tratarse decidieron casarse. "Ahora que Gilberto se venga a vivir con nosotros, te tendrás que regresar a tu cama", le dice la madre al hijo. "¿Por qué?" "Pues porque ahora él va a dormir conmigo". Rubén frunce el ceño y muy enojado le contesta: "Me cae mal, ¡yo no quiero que él venga a vivir a nuestra casa!"

---

[6] Gerber, Magda y Allison Johnson, *Your Self-Confident Baby,* John Wiley & Sons, E.U.A., 2002.

Esta madre se sentía sola cuando el esposo la dejó, y resultó cómodo permitir que el niño ocupara su lugar. Ella satisfizo la necesidad de compañía momentánea; pero ahora que tiene nueva pareja quiere que el niño regrese a su lugar. ¿Es justo para el niño? ¿Te sorprende que esté enojado al sentirse desplazado, y no quiera que este hombre forme parte de sus vidas?

Una madre necesitada emocionalmente o insegura puede pretender que el hijo llene esos huecos emocionales.

En caso de haber necesidades emocionales insatisfechas, es recomendable buscar ayuda profesional, o apoyarse en otros adultos, pero no hay que usar al hijo como paliativo para remediar la situación. Si no se sanan las heridas, la cadena de maltrato continuará: la madre utilizará al hijo para llenar sus huecos emocionales; entonces, él tampoco aprenderá a reconocer sus propias necesidades por satisfacer las de la madre. Cuando se convierta en padre o madre de familia utilizará de la misma manera a su hijo para llenar sus huecos emocionales, y su hijo al suyo, y así sucesivamente.

Porque no quieres que crezca

Muchas madres disfrutan la maternidad y quisieran que sus hijos fueran pequeños siempre. Sentirse necesitadas les da una razón de ser, y que el niño duerma con ellas provoca gran satisfacción. No procurarle un espacio propio puede ser resultado de ese deseo inconsciente de que permanezca dependiente de ella. Ella, como madre, es quien "no quiere que la deje". El niño percibe su necesidad y tampoco la quiere soltar.

Expresiones como "mi nene", "mi bebé", "mi chiquito", cuando el niño ha crecido ya, reflejan claramente ese deseo de que no crezca, de que se quede por siempre pequeño.

Porque te sientes culpable

En mis conferencias me encuentro a menudo con padres que dicen estar convencidos de que sus hijos deben dormir en su propia recámara, pero me platican que aun cuando le ruegan al niño que permanezca en su cuarto, invariablemente termina durmiendo con ellos. A este tipo de padres les ocasiona claras molestias la situación, pero no tienen el valor para imponerse. El niño se percata de la falta de determinación. Puede escuchar las órdenes de sus padres, pero percibe la inseguridad. A medianoche el niño le ruega, el padre flaquea y el niño, entonces, confirma su sospecha de que no tiene la fuerza para sostenerse en lo dicho.

¿Qué impide a estos padres mantener la decisión si están convencidos de que es lo correcto? Muchas veces, es *la culpa.*

La culpa corroe sus decisiones como el ácido a un metal. Con un ritmo de vida apurada y poco tiempo para convivir con el hijo, es factible pensar que no le brindan la atención necesaria, y resultará más difícil ordenarle que duerma en su cama. Surge la culpa, que con voz lastimera, susurra: "¿Acaso has estado con él durante el día? ¿Cómo lo mandas a su cama? Él solo quiere estar contigo..." De esta manera la culpa se infiltra y convierte al más decidido, en ¡permisivo!

Si el padre no revisa las razones inconscientes basadas en el miedo a perder el cariño del hijo, sentirse necesitado, la culpa por no dar suficiente atención, entre otras, estos bloqueos obstruirán su determinación para transformar la situación. Aunque aparentemente esté convencido, el subconsciente boicoteará cualquier intento de cambio y culpará al niño.

No lo olvides, la culpa ¡siempre es mala consejera!

Para evitar tener relaciones íntimas

La madre puede estar muy entretenida con la maternidad, sin interés alguno en reanudar la vida sexual. Entonces utiliza la presencia del niño en su cama como un pretexto para evitar intimar. Esta manipulación afecta, por supuesto, la relación de pareja. En vez de utilizar al hijo, la madre deberá ser honesta y dialogar con la pareja.

¡Porque el niño quiere!

El hijo puede desear muchas cosas, pero un deseo no equivale a una necesidad, y no hay que confundirlas. La obligación de un padre es atender sus necesidades físicas, mentales y emocionales. En cuanto a los deseos, le corresponde al padre sopesar si es conveniente o no, satisfacerlos. El hijo puede desear comerse una caja entera de dulces, acostarse a la medianoche, cruzar corriendo una calle transitada, y al padre corresponde poner un límite y decir: ¡No!

Todo niño se resiste al cambio. No se debe confundir esta resistencia con una necesidad. Al poner límites, se le enseña a contenerse y a no vivir a expensas de sus impulsos. Esta enseñanza resulta esencial para que madure. Así que la razón "porque él quiere", ¡no es válida!

Tres razones importantes por las cuales el niño necesita su propio espacio

1. *Para que consolide la individualidad*

El período conocido como "cuarentena o puerperio", que sigue inmediatamente al parto, y que se extiende usualmente de seis a ocho semanas o 40 días, permite que el cuerpo materno se recupere, y que el recién nacido se adapte al nuevo estado extrauterino. Como si los nueve meses del embarazo no hubieran sido suficientes, estas semanas permiten que el niño complete su desarrollo y, para ello, es esencial que permanezca muy cerca del cuerpo de la madre.

Las abuelas de antaño jugaban un rol muy importante en este proceso, pues creaban un ambiente relajado, tranquilo y protegido, que permitía a la madre intimar con el bebé. Ofrecían el sostén necesario para que ella se ocupara solamente de amamantar y cuidarlo.

Una vez transcurrido este periodo es conveniente que el bebé duerma en su cuna, para honrar la necesidad de la madre de recuperarse. Como bien señalaba Magda Gerber: "Dormir solo en su cuna es un comportamiento aprendido, que le servirá al niño para toda la vida, pues aprende a estar unido y también, separado. Esta separación de ninguna manera representa un abandono pues el niño sabe que si llora o si le pasa algo, sus padres estarán pendientes".

Estos dos movimientos de unión y separación son necesarios para que el niño, en un ambiente cálido y cuidado, vaya consolidando su individualidad, que se verá afectada cuando no se desprende de los padres, ni siquiera cuando duerme.

2. *Para preservar la intimidad de la pareja*

Surge la pregunta, ¿cuándo es apropiado que el bebé duerma en su recámara? Cuando los padres quieran reanudar su vida sexual.

No es apropiado que los padres tengan relaciones sexuales con el niño en la misma habitación, por pequeño que sea, ni aunque este duerma. Los padres que piensan que no afectan a su hijo porque "al cabo está dormido y ni cuenta se da", están equivocados. El bebé percibe la intensidad energética de la actividad de los padres, y le produce inquietud y confusión no comprender qué ocurre. No es apropiado para el hijo y, para los padres, tampoco. Mantener relaciones sexuales es una actividad privada e íntima entre adultos. Tener a un niño presente impacta negativamente la relación al restarle espontaneidad y profundidad.

3. *Para que los padres descansen*

"Es una pesadilla dormir con mis dos hijos. Antes estaban más pequeños, pero ahora que uno tiene 2 años y el otro 4, me patean y ¡amanezco agotada! No sé cuándo se salió de control esta situación, pero sueño con irme a un hotel para dormir sola una noche entera y ¡descansar!"

Si ninguna razón te parece válida del por qué el hijo no debe dormir en cama de los padres, la necesidad apremiante de descanso y recuperación durante la noche ¡debería ser suficiente! Un padre cansado es un padre malhumorado, impaciente e irritable. ¿Quién quiere eso para un hijo?

Si tienes dificultad para regresar a tu hijo a su cama, considera las siguientes preguntas.

¿Insiste en dormir tu hijo contigo porque tiene una necesidad insatisfecha?

Estaba de visita en casa de una amiga con un bebé de 8 meses, que lloraba desconsoladamente todo el día y toda la noche. Mi amiga, claramente agobiada de preocupación y cansancio, notó que tan pronto la niña parecía quedarse dormida y la ponía en su cuna, esta despertaba sobresaltada y volvía a llorar.

Me enteré de que la pequeña había estado hospitalizada por infección intestinal y tuvo que dormir sola varios días, pues en el hospital no permitían que los padres la acompañaran. Recomendé que la niña durmiera en la cama con la madre una semana, y después la pasara a su cuna, colocada al lado de la cama de los padres. Poco a poco fueron separando la cuna hasta que quedó en su propia recámara. La niña empezó a descansar, dejó de llorar, y en algunas semanas dormía plácidamente en su cuarto.

Fue claro que estaba angustiada por la separación repentina de la madre, y a esto hubo que añadir las molestias y el miedo que un hospital genera.

Si un hijo insiste en dormir con los padres puede ser que tenga *una necesidad subyacente insatisfecha.* Quizá no se sienta querido o aceptado, se sienta inseguro o tenga miedo. Puede ser que esté estresado o resintiendo algún cambio. En el caso de un niño más grande, ¿acaso quiere seguir siendo bebé? ¿Quiere seguir identificado con la madre o identificada con el padre?

Es importante atender estas necesidades insatisfechas. Ese deseo de dormir con los padres puede ser un indicador de que algo le hace falta. Permitirle que duerma con los padres solo es un paliativo que no resolverá el problema. Habrá que averiguar qué sucede, y atender de inmediato la necesidad para que el niño recupere su seguridad y bienestar.

¿Realmente quieres cambiar esta situación?

Muchos padres se quejan y se quejan, pero no hacen nada para corregir la situación. Convendría revisar los motivos. ¿Realmente quieres que el hijo duerma en su recámara? El siguiente caso se presentó en una de mis conferencias:

Una madre se quejaba de que su niña de 3 años constantemente se pasaba a su cama en la noche. Cuando di la primera sugerencia me dijo: "No, eso ya lo intenté, pero no funcionó". A la segunda sugerencia respondió: "Eso no va conmigo". Después de desechar mi tercer consejo, la miré directamente a los ojos y le dije: "¿Estás segura de que quieres que tu hija deje de pasarse a tu cama?" Se sonrojó y me dijo: "¡Me acabo de dar cuenta de que no! Cuando yo era niña siempre estuve en la cama de mi madre, y tenemos muy buena relación. Creo que tengo miedo de que si se pasa a su cuarto, se afectará la relación".

Ayudas positivas

¡No hay recetas!

Cada relación de padre e hijo es única. Sigue tu intuición para elegir cuándo es el momento correcto para pasar al hijo a su recámara, pero debes estar seguro de haber tomado la decisión *porque es lo mejor para él.*

El amor por el hijo implica buscar su mayor bienestar, que deberá tener prevalencia sobre tu placer y comodidad, sobre la urgencia de llenar tus huecos emocionales, y el ansia de apaciguar tus miedos y culpas. Es decir, habrá que depurar el amor de esos contaminantes, para darle al hijo un amor desinteresado que lo sostenga y lo ayude a crecer libre para reafirmar la individualidad.

Hay excepciones

Es natural que todo niño, en algún momento de su crecimiento, se sienta especialmente vulnerable, solo, con miedo y quiera dormir con los padres. Si los padres reconocen esta situación, pero tienen también claro que es algo pasajero, pueden permitirle que duerma unos días con ellos, siempre y cuando estén conscientes de que el niño deberá regresar a su recámara.

Al tener claro el lugar de cada uno, puede haber flexibilidad, sin problema. Pero si no, es preferible que sea el padre el que se traslade a la cama del hijo. Una enfermedad o varias noches con pesadillas han sido, muchas veces, el pretexto para que ya no pueda regresar al niño a su recámara.

Eso no quiere decir que en otros momentos del día el niño no pueda disfrutar de la compañía en la recámara de los padres, pero le debe quedar claro que a la hora de dormir, cada quien irá a su habitación.

¡La decisión es tuya!

Cambiar esta situación, no le corresponde al niño. Es decisión de los padres, pues solo ellos sabrán elegir qué conviene más. Al escuchar a un padre decir que le suplica y ruega al niño que no se pase a su cama, queda claro que perdió el lugar del adulto y entregó la responsabilidad al hijo.

Una vez que los padres hayan tomado la determinación de que el hijo dormirá en su recámara, deberán comunicárselo con cariño y firmeza:

"Hijo, esta es tu cama, y esta es tu recámara. Esta es nuestra cama y nuestra recámara. En el día disfrutamos mucho convivir contigo y eres bienvenido a nuestro cuarto y a nuestra cama. Pero a la hora de dormir, cada quien duerme en la suya. Si te despiertas en la noche y te vienes a la nuestra, te vamos a regresar".

Eso significará hacerlo, una o 20 veces. El padre y la madre deberán aliarse, si no, uno saboteará las intenciones del otro, y no lograrán efectuar ningún cambio. Los padres pueden turnarse para regresar al niño. Las primeras noches resultará ser una danza interminable, pero si se sostienen en la decisión, acabará por acostumbrarse a dormir solo. El esfuerzo bien vale la pena, pues cada uno recuperará su espacio: tanto los padres, como el niño.

Las siguientes afirmaciones pueden ayudar a generar este proceso:

Afirmaciones para padres que quieren recuperar su espacio

◇ Tengo derecho a un espacio personal. Como adulto que soy, tomo las decisiones necesarias para procurármelo.

◇ Merezco descansar y recuperarme para ser, al día siguiente, un padre amoroso.

◇ Cuando yo le procuro su espacio a mi hijo, le permito desarrollar su independencia e individualidad.

capítulo 5

EL PADRE MALVAVISCO

Al padre permisivo me gusta llamarlo el "padre malvavisco" porque es suave, dulzón y sin consistencia. El hijo sabe que con un dedo lo perfora. En lugar de un adulto guía y educador, el niño tiene por padre una especie de niño crecido, que lo consulta para tomar decisiones y que cede ante todos sus caprichos. El niño pronto se percata de que enfrenta al mundo, solo. A este tipo de padre le falta espina dorsal. Si perteneciera a la clasificación de los moluscos sería un ostión. Aguado, sabroso y disponible a nuestro antojo. ¿Por qué digo que no tiene espina dorsal el padre permisivo? Porque ha recibido tanta información psicológica y educativa sobre el daño emocional que puede causar, que le ha ocasionado una especie de osteoporosis al esqueleto, es decir, al sentido de autoridad. Se siente tan inseguro como educador, temeroso de herir a sus hijos que tiene pavor a tomar decisiones. Ha perdido la autoridad como padre y delega toda la responsabilidad en el hijo.

Fui coordinadora de un colegio durante muchos años y me topé, en varias ocasiones, con situaciones parecidas a la siguiente:

Una pareja de padres de familia quería conocer el colegio, e invité a la hija pequeña a que se meciera en los columpios mientras entrevistaba a sus padres. Después de 45 minutos de explicarles sobre el sistema educativo que utilizábamos y de mostrarles las instalaciones, me respondieron: "Señora Barocio, nos encantó el colegio, pero tenemos que consultarlo con nuestra pequeña, ya que ella es quien deberá decidir". Pensé: "¡Ay, qué tonta fui!, de haber sabido hubiera dejado a los padres en los columpios, ¡y habría entrevistado a la hija!"

¡Por supuesto! Ofrécele a la niña unos caramelos, dale una caja de lápices de colores y quedará convencida de que es el mejor colegio del mundo. ¿Con base en esto se decidirá su educación? Ninguna niña tiene la madurez ni el juicio para decidir qué le conviene. ¿Por qué dejar tan importante decisión en manos de un niño? ¡Por miedo a equivocarse! El padre podrá lavarse las manos y, si al niño no le gustara la escuela, en unos meses podrá argumentar: "Ni modo hijo, tú escogiste ese colegio y ahora te aguantas".

Otra característica del padre permisivo es la cobardía. He aquí otro ejemplo:

Oliver exige que le dejen ver una película de terror. "No hijo, esa película es muy violenta y es para adolescentes, tu solo tienes 9 años". Oliver empieza a gritar que todos sus amigos ya la vieron y que nunca lo dejan ver nada. La madre intenta apaciguarlo: "Está bien, pero ¡ay de ti donde después tengas miedo y no puedas dormir!" Esa noche, Oliver insiste en que dejen la luz encendida y tarda mucho en conciliar el sueño. A las 3:00 a. m. despierta llorando y se dirige al cuarto de los padres. "Te lo advertí, pero ¡eres un necio!", le reclama la madre al tiempo que se arrima para que se acueste con ellos.

Los padres han decidido ser permisivos porque no quieren ser autoritarios. Quieren que el hijo crezca con libertad de elegir y piensan entonces, que contradecirlo, es dañino. Delegan en el niño decisiones que no corresponden a su edad, puesto que no tiene el criterio para hacer la elección correcta. Piensan que su obligación estriba en convencerlo para que cambie de opinión y, entonces, dan largas explicaciones que muchas veces terminan en súplicas y ruegos. Para el niño es claro quién tiene el poder y quién toma finalmente las decisiones.

"Hijo, está haciendo frío afuera, hoy no conviene que te pongas pantalones cortos. Ponte pantalones largos y sudadera". La madre va a preparar el desayuno y, al poco rato, baja Toño en pantalones cortos y con una camiseta delgada. "Hijo, entiende, has estado enfermo de gripe, por poco y te da pulmonía y si vas tan descubierto tendrás una recaída, y eso sería fatal. ¿Recuerdas lo que dijo el doctor Ontiveros? Es muy importante hacerle caso hijo, porque..." La madre prosigue con una larga explicación mientras, Toño, sin la menor intención de cambiarse de ropa, saca el helado del congelador.

El padre permisivo considera a la toma de decisiones como una especie de "papa caliente" que le quema las manos, y por eso se la arroja al primero que se deje.

Roberta de 13 años quiere ir a una excursión al lago de Valsequillo.[7] "¿Quiénes van?" "Todos papá; todos". "No, me refiero a los adultos. Mejor pregúntale a tu madre". Roberta corre a la sala y le pregunta a la madre que está concentrada revisando unos papeles. "Que si puedo ir a Valsequillo". "No estoy segu-

---

[7] Ubicado en el estado de Puebla, México.

ra, ¿qué no fue ahí donde se ahogó ese chamaco el año pasado?
Que tu papá decida". Roberta regresa con el padre: "Mamá
dice que sí, que no hay problema". Sin levantar la vista del televisor le contesta: "Bueno, si tu madre dice que sí, está bien".
El conflicto en la pareja inicia cuando se dan cuenta del en-
gaño. Roberta no es tonta y aprovecha el vaivén de indecisio-
nes. ¿Debemos culparla por ello? Ser padres implica responsabilidad, correr el riesgo de equivocarse.

Pérdida de la confianza en sí mismo

Hace algunos años recibí esta carta en uno de mis cursos.

Señora Barocio:

Me permito solicitar su opinión con respecto a lo siguiente:
mi hijo único, de 4 años, me pidió un huevo para cuidarlo.
Ambos lo pusimos en un recipiente al que acondicionamos
como nido. Más tarde, mi esposo lo vio en su habitación, sin
calzones, empollando dicho huevo. Yo no sé qué actitud tomar
y por consecuencia qué decirle. Mi marido me lo comentó riendo y yo me quedé perpleja. Investigué en los programas de televisión que acostumbra ver y le pregunté si estaba trabajando en
un proyecto de animales. Cuando le pregunté a su maestra, ella
me dijo, tajante: "¡Aquí no!", y me citó en el colegio. La abuela,
quien está de visita, me sugirió hablar con el niño y decirle que
él es un niño, que no es un animal de los que ponen huevos y
empollan, y que, por tanto, no podía conservar el huevo. Agra-
deceré infinitamente su ayuda.

Mil gracias.

Firma: madre preocupada

Tanta información provoca inseguridad. Inquietudes norma-
les y sencillas de niños se convierten en acertijos indescifra-
bles. Apelar solo al intelecto y hacer caso omiso del sentido
común, lleva a perder la confianza como padres. Se distorsiona la perspectiva de la situación con el afán de querer ser
padres perfectos.

A las dudas, si les concedes un lugar preponderante en la
vida, terminan por erosionar la autoconfianza, te refuerzan
la convicción de ineptitud y paralizan tu voluntad.

Parálisis de la voluntad

Quien tiene deseos de convertirse en un buen educador, y recibe mucha información, que mezcla con una gran dosis de
miedo a equivocarse, puede tener como resultado: parálisis.
Parálisis de la voluntad. Por supuesto que ser padre da miedo.
¿Quién no ha escuchado cuántos niños tienen dificultades?

Si una persona se equivoca al escoger la marca de lavado-
ra, o al comprar unos zapatos, no pasará nada grave. Pero
equivocarse con un hijo ¡es otra situación! La saturación de
información, en vez de generar sabiduría, ha tenido el efecto
contrario. Provoca un miedo tal, que paraliza. Precisamente,
esa parálisis, ¡es la que afecta tanto al niño!

Se justifica que como padre tengas miedo a equivocarte y
un poco de miedo lleva al cuestionamiento y a la reflexión.
Pero si permites que el miedo te invada, serás incapaz de
responder a las necesidades importantes del hijo. Al tomar
una decisión, corres el riesgo de equivocarte, pero la parálisis
garantiza que lo afectarás de manera negativa. Un niño, cuyos padres se han paralizado, es un niño que deberá enfrentar al mundo solo y desamparado, pues es todavía inmaduro.

Laura tiene 11 años y empieza a desarrollarse. Vino de visita la tía Ingrid y le pregunta a su hermana: "¿Ya le platicaste a Laura sobre la menstruación?" "Ay, no", contesta la madre, "me da pena, y además no sé qué decirle". "Es preferible que tú hables con ella a que se lleve cualquier día de estos, una sorpresa y se asuste, o le digan, vete a saber qué sarta de tonterías, las amigas. Hay muchos libros que te pueden ayudar. Si quieres te recomiendo algunos". "Sí, claro", contesta en voz baja la madre, nada convencida. Cuando Ingrid se retira, la madre hace caso omiso de la conversación con su hermana. Se consuela pensando que, seguramente, algo le dirán a su hija en el colegio, y que al cabo, con ella de eso tampoco habló su madre.

Esta parálisis parece una enfermedad contagiosa que ya afecta a gran parte de la población. Absurdamente piensan, ante la duda ¡es mejor hacer nada!

Se ha organizado una convivencia, de las cinco familias vecinas, en la casa de la familia Rojas. Las señoras sirven la comida, los señores se encargan de preparar las bebidas, mientras los niños juegan alrededor de la alberca. "Los niños están arrojando cosas a la alberca", dice Araceli a Patricia. "Ay, Dios, qué niños...", contesta Patricia sin levantar la vista, mientras sirve los platos. Diez minutos después escuchan el grito de uno de los señores: "¿Qué, están locos? ¿Cómo se les ocurre hacer eso?" Los niños habían tirado un triciclo y platos con comida a la alberca.

El niño es consciente de que es indebido su comportamiento, pero nota que los padres no reaccionan, entonces, ¿qué hace? Aprovecha la situación para llevar al límite su travesura. Así se inicia una nueva modalidad: el niño toma la delantera y los padres lo siguen.

Las siguientes afirmaciones pueden ayudarte a recuperar la autoridad.

Afirmaciones para padres que quieren fortalecer la voluntad

◇ Elijo recuperar la autoridad a través de tomar decisiones conscientes.

◇ Hago a un lado el miedo, para guiar a mi hijo con confianza y decisión.

Miedo a perder el amor del hijo

Los padres permisivos viven con un fantasma que los persigue: el temor a perder el amor del hijo. Los padres de antaño no conocían este miedo. Regañaban, castigaban y hasta golpeaban, pero en ningún momento se cuestionaban esta posibilidad. Tenían muy claro que su tarea no era complacer ni dar gusto, sino educar. Aunque su visión de lo que significaba educar era muy limitada, el miedo a perder el cariño del hijo no los atormentaba. El hijo era el hijo, y su deber era querer a sus padres, sin importar si estos fueran buenos o malos. Este amor se daba por sentado, sin lugar a cuestionamiento alguno.

La realidad que viven los padres de hoy es muy distinta. Pareciera que tuvieran un vacío emocional que necesitan llenar con el amor que el hijo les prodiga. Como si este amor les diera una razón de ser, de existir. Pero este concepto de amor está contaminado de miedo, y los vuelve dependientes y temerosos; los hace titubear cuando es necesario contradecir o limitar. En pocas palabras, los debilita.

"¡Te odio, te odio!", le grita Édgar de 5 años a su madre mientras le pega con los puños cerrados. "Hijo, por Dios, entiende, no traigo dinero para comprarte lo que quieres..." "¡Te digo que te odio, nunca más te voy a volver a querer!" La madre con cara de angustia intenta calmarlo: "Tranquilízate, hijo, no me escupas. Yo sí te quiero y siempre te voy a querer". Con el ceño fruncido Édgar le repite: "Pero yo noooo, ¡te odio!"

La madre tiene terror de perder el amor del niño. Todo adulto tiene un niño interior. Ese niño interior es quien se asusta de perder el cariño del hijo y provoca que la madre actúe irracionalmente y vaya al banco a sacar dinero, para comprar el capricho.

Esta madre deberá comprender que la rabia es pasajera y después el amor regresará nuevamente. El amor verdadero de los hijos por los padres surge del respeto que sienten por ellos, respeto que deberán ganarse a través de la firmeza al educar, al sostenerse en lo que consideran correcto. En un futuro, el hijo podrá comprender la razón de por qué no cedía ante sus caprichos.

En conclusión, la pregunta que necesitas mantener presente es:

¿Qué elijes ser frente a tu hijo: un adulto o un niño?

Afirmaciones para padres que temen perder el amor del hijo

◇ Soy humano y puedo equivocarme y aun así, el amor jamás me será retirado.
◇ Merezco y tengo todo el amor que deseo.

Afirmaciones para padres inseguros

◇ Confío en mi sabiduría interna para guiar al hijo.

El nuevo triángulo amoroso: la madre, el padre y la culpa

El matrimonio, actualmente, cuenta con un nuevo miembro: *la culpa*. La culpa se ha infiltrado en las familias con tal éxito que, tanto el padre como la madre, conviven armoniosamente con ella.

- Si el padre quiere poner un límite al hijo, quien está tirando la comida, la culpa interviene y le aconseja: "Solo está jugando, ¿quieres provocar un enfrentamiento?"
- Si la madre no quiere dar permiso a la hija de 12 años de ir a una fiesta porque le parece riesgoso, la culpa le susurra: "¿Quieres verla triste y enojada?"
- Si el padre pretende exigir al hijo que deje de gritar e insultar, la culpa le recuerda: "Se está expresando ¿lo quieres traumar?"

¿Cómo sucedió que le abrimos la puerta de par en par y dimos la bienvenida a la culpa en nuestra casa?

El padre recoge a Uriel, su hijo de 10 años, en casa de su exesposa. "¿Qué pasó, papá? Se te hizo tarde otra vez. ¿Por qué no viniste la semana pasada? Mi mamá dice que no le has dado el dinero de la colegiatura". El padre besa al hijo sin verlo a los ojos, al tiempo que pregunta: "¿Adónde quieres comer?" "Llévame al centro comercial ¿me compras el videojuego que te enseñé la otra vez?"

Ese automóvil cuenta con tres pasajeros, el padre, Uriel y *la culpa* sentada cómodamente entre los dos. ¡Por supuesto que el padre le comprará el videojuego! Eso mantendrá a la culpa callada, al menos, por un rato.

La madre llega a casa cargada de bolsas. Exhausta, las coloca sobre la mesa de cocina y de reojo alcanza a ver que el sofá tiene sobras de comida, envases de refresco y ropa que dejaron sus hijos. "Niños, vengan a recoger la sala", grita la madre. Pero en ese momento, la culpa se aprovecha para hablarle al oído: "¿Cómo les exiges que limpien? No los has visto en todo el día y ¿lo primero que vas a hacer es regañarlos?" La madre deja de insistir, y resignada, limpia la sala.

La culpa tiene a los padres permisivos agarrados del pescuezo. Al percatarse de que no dan la suficiente atención al hijo, la culpa invade sus vidas y les impide decir "no", ser firmes o poner límites. Debemos recordar que la culpa es enojo reprimido contra uno mismo que, al no ser reconocido, se transforma en culpa en lugar de remordimiento, que al menos permitiría hacerse responsable de la situación. Para profundizar más acerca de este tema, escucha mi grabación *Tu peor consejero al educar ¡la culpa!*[8]

A continuación, encontrarás afirmaciones que pueden ayudarte a mantener la culpa a raya.

Afirmaciones para padres que tienen dificultad para poner límites

◇ Pongo límites de manera respetuosa a mi hijo, cuando lo considero necesario.

◇ Tomo con valor, la responsabilidad de poner límites a mi hijo.

---

[8] Barocio, Rosa, *Tu peor consejero al educar ¡la culpa!*, [CD], México. www.rosabarocio.com.

El padre adolescente

He conocido a algunos padres que se jactan de ser los mejores amigos de su hijo. Han desechado el rol de padre para convertirse en su compañero pues temen parecer autoritarios, y por eso se empeñan en vestirse y comportarse como él. Este tipo de padre fascina a los amigos del hijo, quienes con envidia desearían tener uno igual. Pero si le preguntas al propio hijo seguramente responderá que le parece ridículo.

"Oye, Ernestina, ¿esa es tu mamá? Está guapísima, se ve muy joven". Con aparente enfado y sin levantar la vista le contesta: "Sí, es mi mamá; se siente quinceañera. Se pone mi ropa y le coquetea a mis amigos".

Un adolescente no quiere a un padre disfrazado de adolescente que compita en inmadurez con él. El adolescente necesita a un adulto que tome en serio su papel y lo guíe en estos años difíciles de crecimiento.

¿Por qué desear ser amigo del hijo cuando se es el padre? Quienes ya tenemos cierta edad sabemos cuántos amigos van y vienen. Muchas veces, las amistades cambian cuando los intereses cambian y son pocas las amistades que perduran durante toda la vida.

Ser padre significa ocupar un lugar especial en la vida del hijo, y es un lugar único. Se puede asumir ese lugar con orgullo, a sabiendas de la enorme responsabilidad a cumplir. Le corresponderá guiarlo con profundo respeto en todas las etapas trascendentes de su vida. No es necesario ser perfecto, pero sí es requisito realizar el mayor esfuerzo para dar lo mejor de uno mismo.

En resumen, los padres permisivos:

- Se sienten inseguros como educadores.
- Temen equivocarse y lastimar a los hijos.
- Se sienten impotentes ante la rabia y el descontento.
- Minimizan los problemas.
- Evitan a toda costa el conflicto.
- Delegan su responsabilidad.
- Quieren ser "buena onda".
- Complacen para "llevar la fiesta en paz".
- Ceden ante el miedo de perder el cariño del hijo.
- Se sienten culpables si le ponen límites o no lo complacen.

Afirmaciones para padres permisivos

◇ Asumo con orgullo y responsabilidad el papel de padre/madre.

◇ Tomo las decisiones que me corresponden para guiar amorosamente a mi hijo.

◇ Tengo la sabiduría y la fortaleza necesaria para educar a mi hijo.

capítulo 6

EL HIJO DEMANDANTE

Veamos ahora a los hijos de los padres permisivos. Uno pensaría que estos niños que reciben todo, que se les consiente en todo, serían niños contentos, satisfechos y agradecidos. Sin embargo, nos encontramos ante la triste realidad de que no es así. Los hijos de los padres permisivos crecen sin estructura, son caprichosos, demandantes e insatisfechos. Tienen un nivel muy bajo de tolerancia a la frustración, pues no soportan una negación o una contradicción. Pretenden siempre salirse con la suya y no tienen ninguna consideración por los demás. Para ellos, el mundo gira alrededor de sus deseos e intereses. En resumen: son niños inmaduros, inadaptables, egocéntricos y ¡muy poco simpáticos!

El síndrome del niño consentido (SNC)

Hay niños que sufren de lo que llamo "síndrome del niño consentido", al cual le llamaremos SNC. Este síndrome es una enfermedad cuyos síntomas son difíciles de reconocer por los padres del niño afectado, pero ¡es muy fácil detectarse en niños ajenos! Como me gusta explicar en mis conferencias: imagina que te colocan, con los ojos vendados, a diez centímetros de distancia de una fotografía que mide 3×3 metros. Si te quitan la venda y te preguntan sobre su contenido, tendrías que decir que solo ves puntitos pues no reconocerás ninguna imagen. Pero si das unos pasos hacia atrás, con toda facilidad distinguirás el paisaje y sus detalles: con la distancia obtuviste perspectiva.

A tu hijo lo tienes tan cerca que no puedes, muchas veces, saber cuáles son ni de dónde provienen sus dificultades o problemas. Pero el vecino, que no tiene la misma conexión emocional que tú y está a cierta "distancia", tiene mayor perspectiva y lo puede apreciar con objetividad.

Como escuché una vez decir en broma:

La solución para que no hubiera niños malcriados en el mundo sería que intercambiáramos hijos. Todos sabemos cómo deberíamos educar al hijo del vecino.

A continuación les presento varios ejemplos:

"Oye comadre, ya no sé qué hacer con Blanca. No tenía con quién dejarla hoy en casa y la llevé al banco, hubieras visto el berrinche que me hizo. Después fui al supermercado, le compré un helado y unos lápices de colores, pero se puso como loca porque quería la caja de 36 colores". "Comadre, lo que pasa es que la tienes muy consentida". La madre de Blanca la mira sorprendida: "¿Consentida, comadre? ¿De veras crees que la tengo muy consentida?"

La madre de Blanca no finge su sorpresa. Verdaderamente no se le ha ocurrido que su hija pueda tener SNC. Reconocer que nuestros hijos sufren de este síndrome, para muchos padres significa que han fallado como educadores. Aunque hay que agregar que, para otros, puede ser motivo de orgullo.

Samantha ha invitado a dos amigas a tomar un café a su casa. Cuando están a punto de servir el pastel aparece Tamara, de 4 años, entra del jardín corriendo y casi tira el pastel. Las amigas ven con horror cómo Tamara mete los dedos sucios en la crema del pastel. "No, Tamara, el pastel es para las visitas". Después, con el dedo chupado, recorre la orilla del platón recogiendo todo el merengue. "Mi vida, a la gente no le gusta comer pastel chupado, ven te voy a servir un pedazo". Tamara se reclina en el sofá mientras la invitada discretamente se hace a un lado para evitar sus manos sucias. Tamara se sienta en el suelo y come el pastel ensuciando todo alrededor tuyo. Cuando se retira, su madre les comparte orgullosamente: "Ya me han dicho que la tengo muy consentida, pero como es mi chiquita, no puedo evitarlo. ¡La quiero disfrutar al máximo!" Las invitadas intercambian miradas y comen en silencio.

Esta enfermedad afecta a todos los niños de padres permisivos, aunque en diferentes grados, por lo que resulta importante revisar los síntomas.

Síntomas del niño consentido

Aunque pienses que tu hijo no sufre de esta enfermedad, no está de más revisar la siguiente lista:

Demandante y egoísta

Se siente especial y mejor que los demás. Sus deseos siempre son más importantes y no puede esperar. Quiere atención constante y exclusiva.

"La maestra no me quiere", se queja Omar con su madre a la salida del colegio. "A mí nunca me llama. Solo le hace caso a los demás". La madre, con el ceño fruncido, busca a la maestra en el patio de la escuela. Ella la ve venir y trata de esconderse, mientras le comenta entre dientes a su colega: "Ay ¡no!, ahí viene otra vez la mamá de Omar a quejarse de que no le hago caso a su hijo. ¿No entiende que tengo 25 alumnos y no es el único? Sabrás que no sabe marchar, pero ¡insiste en que lo incluya en la escolta!"

Caprichoso y berrinchudo

Quiere que se satisfagan sus deseos inmediatamente y no toma en cuenta a nadie más. Cuando no se le complace, se enoja, grita, es grosero o berrinchudo.

Mamá va al supermercado con Agustín de 3 años. Cuando pasan por la sección de juguetes pide que le compre un muñeco de plástico, de los héroes de las caricaturas. La madre accede y Agustín se entretiene jugando mientras ella escoge la verdura. Cuando van hacia las cajas, a pagar, Agustín corre y coge tres muñecos más. La madre se los quita y le dice que solo trae dinero para comprar uno. Agustín comienza a gritar y se tira al piso. La madre, apenada, se acerca a la caja y saca la tarjeta de crédito. Agustín deja de llorar mientras mira complacido sus nuevos juguetes.

Antipático

Fastidia y harta a quienes lo rodean. Los padres de este niño suelen ignorar el hecho.

Los tíos han ido a una boda a la ciudad de Houston y su sobrino los fue a recoger al aeropuerto. Una vez guardado el equipaje y sentados en el automóvil, Bernardo, su hijo de 5 años, decide que no quiere subirse al coche. El padre pacientemente intenta convencerlo: "Tus tíos tienen mucho calor, por favor sé razonable, además vienen muy cansados después del viaje tan largo..." Los tíos cruzan miradas y procuran ocultar su asombro, su enojo y exasperación. Después de cinco minutos de negociaciones, el niño, finalmente, "les hace el favor" y accede a subir al coche.

Camino a casa los tíos piden detenerse en un centro comercial, pues quieren comprar un regalo para los novios. El sobrino entra con Bernardo a una tienda de juguetes, mientras esperan a los tíos. Una vez comprado el regalo, los tíos van a la juguetería, pero Bernardo no quiere retirarse. Nuevamente comienzan las negociaciones: "Hijo, tenemos que irnos a casa, pues se nos hace tarde para la boda. Te prometo que mañana te traigo y te quedas el tiempo que gustes..." Después de 15 minutos de tratar por todos los medios de convencerlo, el tío se acerca y le dice: "¡Te vamos a dejar!" El niño calmado y con aplomo, le responde: "No, sé que no me vas a dejar".

Cuando no lo escuchan, el tío el comenta a su esposa: "Táchalo de nuestra agenda. Mi sobrino será un encanto, pero ¡no quiero volver a verlo hasta que su condenado hijo se case!"

Tiene dificultad para relacionarse

No se adapta fácilmente a los juegos de los demás. Se enoja y se retira si no lo complacen los demás niños. No acepta perder.

Durante el recreo, la maestra de segundo de primaria manda llamar a Karla y Ariana. "Camila está llorando porque no le hacen caso, ¿me pueden decir qué pasa?" Las dos niñas se ven de reojo y tratan de hablar al mismo tiempo. "Una por una, ¿por qué no quieren incluirla en sus juegos? Ya me habló su mamá y dice que está muy preocupada porque Camila no tiene amigas y ya no quiere venir al colegio". "Es que se siente princesa", dice Karla. "Y si no hacemos lo que ella quiere se enoja. Siempre quiere mandar", agrega Ariana.

Envidioso, celoso e insatisfecho

Tiene dificultades para compartir y siempre quiere más. ¡Nada parece ser suficiente! Resulta increíble que entre más se esfuercen los padres por darle gusto, y entre más cosas le compren, más infeliz parece estar.

Es Navidad y los tíos, primos y abuelos están reunidos alrededor del árbol abriendo los regalos de los niños. Arturo de 6 años recibe, para su regocijo, el conejo que pidió. Su primo Tomás, con los brazos llenos de juguetes, lo mira con envidia y le dice: "Véndemelo, te lo compro". "No, es mío", le contesta Arturo, mientras mete al conejo en su jaula para llevarlo al jardín. Una hora más tarde, sale Tomás, y pensando que nadie lo ve, orina al conejo. Cuando Arturo lo acusa, la madre de Tomás ¡rápidamente sale en su defensa!

Descontento y malhumorado

A pesar de que los padres tratan de complacerlo, siempre tiene motivos para estar inconforme y de mal humor. Cuanto más le dan, peor se porta. Los padres caen en la trampa de pensar que si lograran complacer todos sus caprichos, por fin será feliz.

Marcela está encerrada en su cuarto, cuando llega su tía Noemí. Después de mucho insistir, por fin le abre la puerta. "Qué te pasa Marcela, me imaginé que estabas encantada de ir a Disneylandia con tus primos". "Yo no quiero compartir el cuarto con Jessica ¡me cae mal!" La tía se sienta en la cama y con voz suave le dice: "Pero recuerda que estarás todo el día en Disneylandia y solo llegarás al hotel para dormir". "¡No importa! ¡No quiero dormir con ella, o me consiguen otro cuarto o no voy!" Cuando la tía regresa al comedor encuentra a la madre llamando al hotel para reservar otro cuarto.

Flojo

Este niño depende de otros para que le hagan todo. Está acostumbrado a recibir, más no a dar. Los adultos complacientes que lo rodean viven a su servicio. Tiene dificultades para adaptarse socialmente en la escuela, pues no entiende por qué no tiene los mismos privilegios que en su casa.

La familia se reunió para celebrar la Navidad. Las tías y la madre apuradas preparan los últimos detalles de la cena. Trabajaron varios días para tener listos todos los platillos tradicionales. El padre saca la bebida y la abuela termina de arreglar la mesa. Con todo listo, llaman a los niños que se entretienen en el patio y despiertan a Alexis de 16 años, que por haberse desvelado la noche anterior, durmió toda la mañana. Al terminar la cena la madre pide a Alexis que por favor recoja los platos. "Pero ¿por qué a mí me toca hacer tooooodo el trabajo?", rezonga Alexis enojada.

¿Será que es cierto el dicho: "De padres trabajadores, hijos cansados"?

Apático

Su interés por las cosas es solo momentáneo. En poco tiempo pasa al aburrimiento y al desinterés total. En un momento quiere una cosa, en otro momento, otra. Nada lo apasiona o entusiasma.

En clase de manualidades de sexto año de primaria, la maestra repartió unas cajitas para que las adornaran con chaquira como regalo de día de las madres. Sabrina empieza a colocar la chaquira, pero a los 10 minutos se fastidia y le dice a la maestra que su caja ya no le gustó y que quiere comenzar con otra. La maestra le explica que no puede darle otra caja y que tiene que terminarla. De mal modo Sabrina le quita la chaquira y le dice que quiere nuevas. La maestra le dice que debe limpiarlas para volver a usarlas. Sabrina regresa a su lugar furiosa y comenta a sus compañeras que la maestra es una estúpida, y que le dirá a su padre para que la corran. Se cruza de brazos y no deja de quejarse, mientras los compañeros terminan el trabajo.

Menciono la apatía al final, por ser la que mayor atención merece. La apatía es el polo opuesto del amor. Es la negación de las emociones, el desierto. Es el fuego apagado del alma entumida. El apático tiene desinterés por la vida porque habita en una especie de limbo, en donde la pasión ha sido desterrada y donde el entusiasmo, es desconocido.

Alfredo, de 20 años, vive en París desde hace seis meses. El padre decidió mandarlo para aprender francés, después de ofrecer pagarle cualquier universidad, en cualquier parte del mundo. Pero a Alfredo lo único que le interesa es ver televisión y hacer nada. Cuando el padre se entera de que algunos de sus compañeros de escuela viajan por Europa, anima a Alfredo a invitarlos a que pasen unos días juntos, con el propósito de que le contagien el entusiasmo por viajar y estudiar. Para desgracia del padre, la semana siguiente descubre que ni siquiera ha asistido a los cursos de francés.

Tiene todo y nada le interesa

El niño que alcanza la juventud y después la adultez inmerso en la apatía, busca siempre la vía más fácil y cómoda. Tiene una vida intrascendente, carente de sueños que lo impulsen a crecer, a querer desarrollarse, y a contribuir a la sociedad a la que pertenece. La meta en la vida consiste en pasarla bien, alcoholizarse, drogarse o hacer locuras que le provoquen una descarga de adrenalina, para recordar que existe. Si estos niños y adolescentes apáticos de hoy serán los adultos del mañana, ¿qué futuro le espera a la humanidad?

Causas de la apatía en el hijo

Analicemos algunas posibles causas de esta apatía.

La sobreestimulación

La apatía surge como una defensa ante la sobreestimulación. El niño, que desde muy pequeño necesita adaptarse a un ambiente lleno de ruido, estimulación visual y cambios frecuentes, lo compensa al anteponer una barrera protectora. Fui testigo de la siguiente historia, en una boda.

La comida se inició al mediodía, en una enorme sala de banquetes, con más de 600 invitados. La banda tocaba música electrónica de moda y era difícil conversar por causa del volumen. Una madre joven llegó con un bebé de 9 meses. El bebé pasaba de brazos en brazos, pues todos los parientes querían cargarlo. A ratos sonreía, a ratos lloraba, mientras con la mirada buscaba, desconcertado, a la madre. Con tanto ruido no se distinguía su llanto. Por fin, agotado se quedó dormido en brazos de un pariente y lo acostaron sobre algunos abrigos en el suelo pegado a la pared. Así, durmió y despertó y volvió a dormir y despertar, hasta las 4:00 a. m. cuando nos retiramos de la fiesta. Mientras esperaba a que trajeran el automóvil, escuché a la madre decir orgullosamente a su amiga: "¿Viste qué contento estuvo? ¡El bebé la pasó bomba!"

Si este bebé pudiera hablar, seguramente le diría una grosería a su madre. El adulto que quiere divertirse, a veces olvida las necesidades del niño, quien realiza esfuerzos monumentales por adaptarse. En un momento dado puede ser que el padre vea el noticiario en la televisión; el adolescente canta mientras escucha música a todo volumen; la licuadora está prendida en la cocina mientras que la madre habla por el celular; el pequeño y un amigo juegan con la sirena de camión de bomberos, y como acompañamiento de fondo, el ruido de la calle.

Si un niño pequeño es expuesto constantemente a un ambiente con demasiados estímulos, los sentidos se adormecen como protección, y el niño, poco a poco, se insensibiliza. Se cierra tanto a lo bueno como a lo malo, sin distinción.

Los aparatos electrónicos contribuyen, en gran parte, a la sobreestimulación, y por ello dedico un capítulo completo a ese tema.

Dar demasiado

Otra manera de sobreestimular al niño o al adolescente, es a través de regalarle demasiadas cosas.

Cuando el niño es pequeño, con el afán de complacerlo y demostrar cuánto lo queremos, la publicidad nos hace creer que comprar equivale a ser buen padre. En poco tiempo la recámara del hijo parecerá juguetería. Entonces, jugar para el niño significará tirar los juguetes, pisarlos y quejarse por estar aburrido. Es un resultado natural. Con tal cantidad de juguetes, el niño no puede enfocar su atención y se aturde. La defensa natural será ignorar todo. Cierra los sentidos y se vuelve apático: nada le gusta y nada le resulta atractivo. Por eso los niños que más tienen son los que se aburren más, aunque esto pueda parecer una contradicción. Recuerdo que de niña, la palabra aburrimiento no existía. El niño tenía muy pocos juguetes que recibía, en Navidad y en su cumpleaños, pero no se aburría porque jugar involucraba un proceso creativo en el que participaba activamente. No pretendía que un objeto lo entretuviera, ni mucho menos lo hiciera un adulto. El niño inventaba todo tipo de juegos con cosas muy sencillas: piedras y palitos, telas o ropa de los padres, sillas, cobijas y cojines, y con ello construía casas, tiendas y buques fantásticos. La imaginación del niño era el único límite a su diversión.

En aquellas épocas, si un niño llegaba a aburrirse sabía que no tenía caso quejarse con su madre, pues el problema no era de ella, sino suyo. Ningún padre se sentía culpable si su hijo se aburría.

Es el día de Navidad, los adultos toman una bebida caliente mientras miran a los niños con sus nuevos juguetes. "¿Ya viste a Pedro?", le dice la madre a la abuela. "De haber sabido le regalamos una caja de cartón en vez del juego tan caro que le compramos. Lleva una hora entretenido con ella".

Cuanto más sofisticados son los juguetes, menos dejan a la imaginación. Dejan poco margen a que el niño invente juegos, y por supuesto, muy pronto termina aburriéndose de ellos. Recuerdo que uno de mis hijos ahorró dinero, durante muchos meses, para comprar un coche de control remoto, bastante caro. Estaba muy emocionado cuando por fin lo tuvo en sus manos. Jugó con él varios días, después lo guardó en el clóset, donde permaneció varios años, hasta que un día, decidió regalarlo.

Hoy en día, muchos niños viven aislados en departamentos o casas donde no pueden jugar con los vecinos, y las familias son muy reducidas, situaciones que limitan la posibilidad de convivencia. Recuerdo que uno de mis hijos, siempre se quejaba de tener solo un hermano. Decía: "No me puedo pelear con él porque si no, ¿con quién juego?" La solución no es comprarle más juguetes. Tampoco es que los padres lo entretengan. El niño tiene que aprender a convivir, pero también tiene que aprender a entretenerse por sí mismo. Piérdele el miedo a la palabra aburrimiento. Si tu hijo se aburre, es su responsabilidad "desaburrirse". Si no lo entretienes y no permites que se enchufe a un aparato electrónico, tendrá que hacer acopio de imaginación y ser creativo para salir del aburrimiento. Así que, de una situación negativa, puede surgir algo muy positivo.

En mi época de maestra, si un niño se quejaba de estar aburrido, en son de broma le revisaba la frente y le decía: "¿Aburrido? Pero tú no puedes estar aburrido, mira (apuntando a su frente), no tienes orejas de burro, ¡solo los burros se aburren!"

Si dar demasiado al niño equivale a comprarle juguetes en exceso, al adolescente es darle desmedidamente ropa, relojes, dinero, automóviles, etcétera.

¿Por qué caemos en la tentación de querer comprarles "todo"?

- *Por culpa*
  La culpa te hace sentir francamente incómodo cuando no brindas la atención necesaria, y la tentación de callarla a través de complacerlo, es muy atractiva. El hijo apren-

de, desde pequeño, a manipular al adulto para conseguir lo que quiere, y así termina convirtiéndose en un pequeño tirano.

- *Por comodidad*
Es mucho más fácil decir "sí" que decir "no". El sí es complaciente, agradable y simpático. El "no", en cambio, es confrontativo, serio y puede ser, incluso, agresivo. Cuando tienes la necesidad imperante de sentirte aceptado y siempre querido por tu hijo, entonces vives con el "sí" en la boca constantemente. Buscas desterrar de tu vocabulario la palabra "no", que estorba, y te haces la ilusión de que tu vida transcurrirá con fluidez y comodidad.

Comodidad que tiene un precio, como la lista de efectos secundarios que acompañan, con letra pequeñísima, a los medicamentos. Te evitas el conflicto al no contradecir a tu hijo, pero en cambio, lo vuelves demandante y caprichoso.

- *Para llenar tus huecos emocionales*
Si tuviste limitaciones en tu infancia, limitaciones que pueden haber sido reales o imaginarias, ahora que eres padre de familia te polarizas asegurándote que tu hijo no solamente tenga todo, sino que la sociedad entera se dé cuenta de ello.

"Fabián, ¿ese reloj que trae tu hijo es un Rolex?", le pregunta el vecino. "Claro", le contesta con evidente orgullo. El vecino lo mira sorprendido: "Pero ¿no te parece algo exagerado y hasta peligroso que un muchachito de 14 años tenga un reloj tan caro? No he visto a ninguno de sus compañeros con algo igual". Fabián le contesta saboreando cada palabra: "Así es, pero yo puedo darme el lujo de regalárselo".

Fabián tiene una carencia emocional que satisface a través de su hijo. Las posesiones, marcan su valor, pues piensa: "Mientras más tengo, más valgo. Y si mis hijos son mi extensión, entonces debo asegurarme de que ellos tengan todo". La necesidad de presumir está por encima de las consecuencias para el hijo. Le ciega el placer de sentirse envidiado.

• *Porque piensas que tu amor es inadecuado*
Quizás la pregunta más importante que tienes que hacerte cuando se trate de dar demasiado al hijo, es: ¿por qué piensas que tu amor es tan inadecuado que necesitas compensar comprándole cosas? ¿Quién te ha convencido de que es insuficiente?

La influencia nociva de la mercadotecnia, aunada al sentimiento de culpa por llevar una vida tan acelerada, provoca que busques alivio a través de comprar. Desgraciadamente, nada puede sustituir la atención que tu hijo necesita. Así que la próxima vez que tengas la tentación de acallar la culpa, detente, acepta la incomodidad, asume la responsabilidad, y no agraves la situación comprándole algo. Busca de manera consciente espacios para estar con él, compartir, conversar y jugar, y alimenta de esa manera la relación.

Consecuencias de darle demasiado al hijo

Piensa que lo que posee define su valía

El ser humano se autodefine, en el transcurso de su vida, de tres maneras distintas:

1. *Yo soy lo que tengo*
   Si preguntas a un niño quién es, te dirá: "Yo soy Pedrito, el que vive en esa casa amarilla, y tengo una bicicleta. Mi papá tiene un coche rojo ¡grandote!"
   Todo niño se autodefine por lo que posee.

2. *Yo soy lo que hago*
   Al ir madurando comenzará a definirse por lo que hace: "Yo soy Pedro Sánchez y estudio en la Preparatoria 5". Después dirá: "Yo soy gerente del banco tal y acabo de recibir una promoción".
   En esta etapa la persona busca el reconocimiento a través del trabajo, los títulos y los logros.

3. *Yo soy quien soy*
   Con el paso de los años, mediante la reflexión y el crecimiento interno, tiene la posibilidad de dar el siguiente paso a reconocer que es mucho más que lo que ha acumulado o realizado. Se da cuenta que es único y valioso, independientemente de sus posesiones y éxitos.
   Este último paso es esencial, solo asequible para las personas que persisten en el desarrollo personal.
   Si como padre de familia das sin medida, corres el riesgo de dejar a tu hijo atorado en la primera etapa de conciencia: "Tú eres lo que tienes". Si le enseñas que lo más importante en la vida es tener y tratar de impresionar a los demás, y que esto determina su valía, afectas las posibilidades para que, más adelante, se autodefina de una manera más profunda.

Debilitas su voluntad

Otra consecuencia negativa de darle demasiado al hijo es que *debilitas su voluntad*. La voluntad se forja, entre otras cosas, mediante el esfuerzo y la capacidad de esperar. Los sueños y las expectativas le dan dirección a la vida, pero cuando el niño se acostumbra a que cada uno de sus caprichos será cumplido al instante, ¿en dónde queda la capacidad de anhelar? ¿A qué aspira si sabe que cualquier cosa deseada bastará con pedirla para tenerla? En consecuencia, nada tiene gran valor, ni importancia. Todo está dado, y su vida se vuelve desabrida. Jamás experimenta la satisfacción de lograr algo a través de su esfuerzo, dedicación y perseverancia.

Por otro lado, el niño que crece sin voluntad se convierte en un adolescente a merced del peligro que le rodea. Este joven apático, interiormente débil, que todo le aburre y que busca entretenimiento constante, ¿cómo responderá en un ambiente de promiscuidad, alcohol y drogas?

La voluntad es la fuerza interna que permite a la persona decir "no" para elegir el camino correcto, aunque otras alternativas sean más atractivas. La voluntad sostiene al adolescente cuando todos a su alrededor dicen "sí". Sin esta entereza, se dejará llevar por la corriente. Aceptará y se convertirá en presa fácil del placer y la excitación sin medida.

No lo ayudas a madurar

El niño consentido crece físicamente, pero permanece inmaduro a nivel emocional, estancado en los 2 o 3 años, incapaz de contener sus impulsos. No sabe postergar sus deseos ni tomar a otros en consideración, actitud que no es natural en un niño mayor. La tarea del padre, como educador, es enseñarle a dominar esos impulsos para que aprenda a esperar y a tomar en cuenta a otros. Si no, seguirá siendo egocéntrico y demandante.

"Mamá, quiero que me compres una laptop como la de mi amiga Marisa. Hoy la llevó a la secundaria y ¡está preciosa! Es la última que acaba de salir y es mucho mejor que la mía". "En este momento Sandra es imposible. Tu padre está sin trabajo y no podemos gastar". "Pero es que yo la quiero, ¡nunca me compran nada! Siempre me dices que no, ¡te odio!", replica la hija adolescente azotando la puerta.

Si la madre de Sandra cediera por darle gusto, en vez de enseñarle a tomar en cuenta las prioridades de la familia y a adaptarse a lo que pueden darle en ese momento, le fomentaría la desconsideración y el egoísmo.

¡Que se lo gane con el sudor de la frente!

Algunos padres adoptan la postura contraria y asumen que si ellos tuvieron carencias, el hijo debe vivir lo mismo, "para que aprenda". Es decir: "si yo sufrí, que él sufra de igual manera". Este padre piensa que las generaciones siguientes solo pueden aprender a través del dolor. Que con mano dura apreciarán las cosas. Si a él la vida lo castigó, ahora le toca castigar a los que siguen. Esta actitud es el polo opuesto del padre consentidor. Como veremos en los próximos capítulos, los extremos siempre están fuera de equilibrio. Tanto peca el que otorga de más, como el que nada da. Esta actitud genera mucho resentimiento en el hijo, que crece odiando al padre, quien pudiendo haberle dado, se lo negó.

"¿Qué le dijiste a tu madre que quieres? Pues ahorra y cómpratelo. El dinero no crece en los árboles. Yo a tu edad, me levantaba a las 5:00 a. m., ayudaba a mi madre con el quehacer de la casa, y me iba caminando al colegio aunque estuviera nevando. A mí nadie jamás me llevó en coche a ningún lado como a ti. Y por eso soy una persona trabajadora y responsable. Así que nada de quejas, si quieres algo ¡ponte a trabajar!"

Como puedes ver, este padre autoritario piensa que todo tiene que ganarse con el sudor de la frente, que la vida es dura y solo los golpes enseñan. El hijo crecerá fuerte pero amargado.

Dar lo justo: ni de más ni de menos

El equilibrio solo lo puedes encontrar a través de la reflexión consciente. Ponderar sobre cuándo hay que otorgar y cuándo es necesario negar. Anteponer esta decisión en busca del mayor bien para el hijo, sin tomar en cuenta tu comodidad, los huecos emocionales que tengas, o el placer que sientes al regalar.

¿Cómo saber si caes en alguna de las dos polaridades? Si el hijo ya no expresa ningún deseo porque sabe que se lo van a negar, es ejemplo del padre en el polo autoritario.

Si por el contrario, el hijo es exigente, nada parece ser suficiente, no aprecia ni cuida lo que tiene, ni lo agradece, estás dando en exceso.

La medida para encontrar el equilibrio te la dará la actitud del hijo. Si aprecia y cuida lo que tiene, y es agradecido y considerado, no tienes de qué preocuparte. Si deseas saber más de este tema, escucha la grabación *Fortalece la voluntad de tu hijo y asegura su éxito.*[9]

---

[9] Barocio, Rosa, *Fortalece la voluntad de tu hijo y asegura su éxito*, [CD], México. www.rosabarocio.com.

La información muerta

Otro factor que contribuye a la apatía del niño es la enseñanza aburrida y tediosa que imparten algunas escuelas. En vez de despertar el asombro, el deseo de explorar y enseñarlos a pensar, dan información árida que memorizan para olvidarla una vez pasado el examen. Es vergonzoso matar de esta manera la inquietud y la curiosidad innata del niño. ¿Cuántos padres se frustran al ayudar al hijo con tareas absurdas y sin contenido? Pero se resignan y las aceptan como parte irremediable del sistema. La defensa natural del niño que se aburre en la escuela, es la apatía. Deja de poner atención y se desconecta emocionalmente para aguantar por horas un ambiente estéril, en donde lo único importante es la calificación. El aliciente para asistir al colegio es ver a los amigos. Lo demás, es un suplicio que hay que soportar sin remedio.

Indicios de que tu hijo sufre de SNC

- Cuando le hacen un cumplido a tu hijo se refieren a su estatura, salud, belleza o inteligencia, pero nunca escuchas que es educado, agradable o simpático.
- Tu hijo es el último en ser invitado a las fiestas infantiles o se les "olvida" invitarlo.
- La abuela evita cuidarlo, pero se encarga con gusto de otros nietos.
- Desde que tienes a tu hijo, las amistades e invitaciones se han reducido sustancialmente.

- Tienes que cambiar constantemente de ayuda doméstica o niñera, pues ninguna aguanta a tu hijo.
- Cuando te invitan a un evento social te advierten que es "sin niños". Al llegar te das cuenta de que sí invitaron a otros pequeños.

Como padre de familia probablemente serás el último en darte cuenta que tu hijo es consentido. Caes en negación y piensas que todos están mal, y únicamente tú tienes la razón, o te convences de que "la traen contra tu hijo".

Durante un ejercicio en un taller de movimiento con un grupo de 30 personas, recibimos instrucciones, yo avancé al frente mientras todo el grupo caminaba en sentido contrario. Mientras observaba a las 29 personas avanzar en dirección opuesta, pensé: "¡Qué tontos, todos se equivocaron!" Ahora me doy cuenta de mi arrogancia. Fui capaz de pensar que todos los demás estaban en el error antes de considerar que "quizá yo había entendido mal las instrucciones". Esto te puede suceder con tu hijo. Te aferras a que estás en lo cierto, en lo correcto, aunque claramente todos a tu alrededor dan claras señales de que vas por el camino equivocado.

¿Cuántas veces dejamos de pedir una opinión porque sabemos que la respuesta no nos va a gustar? Nos volvemos ciegos ante la realidad.

Andrea y Margarita han sido amigas desde la secundaria. Fueron invitadas a una fiesta infantil con sus hijos. Mientras platican, escuchan un grito desde el otro extremo del salón: "Mamá ¡quiero un refresco!" Andrea, que reconoció la voz de su hijo, se dispone a levantarse, cuando Margarita le pregunta: "¿Por qué dejas que te grite así? Que vaya él por el refresco o que se acerque y te lo pida de buen modo". Andrea sonríe apenada y, sin contestar, se dirige a donde están los refrescos.

Resulta increíble que una persona pueda ser muy capaz, inteligente e incluso sumamente exitosa, pero al mismo tiempo, ser totalmente insensata con relación a su hijo. Una actitud que consideraría inadmisible en un amigo o en un empleado, lo tolera con el hijo. Permite que este sea demandante, le falte al respeto o incluso la insulte o la golpee. Para concluir, el hecho de que muchos niños en la actualidad presenten algunas de las características antes mencionadas, son un indicador muy claro de que, como sociedad, algo estamos haciendo terriblemente mal. Los niños son el termómetro que mide la armonía, la salud o la disfunción de una comunidad. Ese termómetro nos señala que ¡tenemos serios problemas por atender!

Preguntas para reflexionar

- ○ ¿Qué debemos cambiar en nuestra forma de educar?
- ○ ¿Nos conviene y se puede regresar al autoritarismo?
- ○ ¿Es posible encontrar un equilibrio entre el autoritarismo y la permisividad?
- ○ ¿Existe, acaso, un tercer camino?

capítulo 7

¡MI HIJO TIENE UN CHIP DIGITAL!

Padres sin ADN digital

"En mi época no había internet, ni nada de esas cosas tecnológicas", dice el abuelo. "¿Qué hacías?", pregunta intrigado el nieto. "De todo".

Siempre hemos vivido en un mundo cambiante, pero nunca los cambios han sucedido tan rápidamente. Esto se debe, en gran parte, a la tecnología que llegó para quedarse. Si bien las nuevas generaciones vienen con un chip y ADN digital, las anteriores en ese sentido, están en desventaja. Así que el padre de familia tiene tres opciones:

- Ignorar la tecnología y quedarse rezagado.
- Volverse dependiente de la tecnología y no poder estar sin ella.
- Interesarse y usarla de manera responsable.

Los padres que optan por la primera opción se mantendrán al margen y formarán parte de una generación anclada en el pasado:

"Me regalaron de cumpleaños una tableta y un celular nuevo, que para que me ponga al día, pero no les entiendo y no me interesan. A mí que me dejen con papel y pluma y ¡estoy más que encantada!"

Quien elige quedarse al margen se perderá de compartir los intereses de las nuevas generaciones. Si uno se declara incompetente y critica el avance tecnológico, suprimirá una conexión valiosa, pues una manera efectiva de apartarse de un hijo es desaprobando la tecnología.

Si se quiere ser un guía para la vida, habrá que interesarse, aprender y mantenerse al tanto de los avances tecnológicos. Así se protegerá la inocencia del niño pequeño y, en el caso del adolescente, de su osadía. Mantenerse al margen resulta irresponsable.

En una escuela reconocida en la ciudad de Puebla,[10] una alumna de primero de secundaria, nada agraciada y que nunca había tenido novio, conoció un hombre por internet y comenzó a presumirlo como su novio. Unos meses después, pidió permiso para ir al café cercano, pero no regresó esa tarde. Los padres, sumamente angustiados, acudieron al colegio, y por sus compañeras se enteraron del supuesto romance. El padre recordó que tenía registrado el número telefónico del presunto novio, y le llamó para pedir que le devolviera a su hija. Varios días después, el tipo indicó que podía recogerla en la entrada de un almacén. Al acudir los padres se enteraron que había sido violada.

Existen muchas historias de terror y no pretendo asustarte, sino enfatizar que la opción de ignorar la tecnología no es

---

[10] Capital del estado de Puebla, México.

válida y es irresponsable. Si quieres prevenir a tu hijo de los posibles peligros tendrás que estar pendiente, saber ponerle límites sanos y mantener una comunicación abierta.

Las generaciones actuales que han crecido en un ambiente tecnológico parecen tener una habilidad innata para manejar la tecnología, pero eso no significa que conozcan o estén protegidos contra los riesgos que conlleva. Desgraciadamente los padres tienden a confundir habilidad e inteligencia, con madurez y juicio. El hijo tiene lo primero pero carece de lo segundo. Y si sus padres no le marcan límites para resguardarlo, el peligro que corre es considerablemente alto.

Nuevamente ¡equilibrio!

"Tengo un problema: en la escuela le dijeron a Pedrito que mamá es aquella con quien pasa todo el tiempo, quien lo educa y entretiene... y desde entonces, ¡no deja de besar al televisor!"

La tecnología tiene un atractivo tan especial que te puede ocupar horas sin darte cuenta. Se invierten millones para diseñar juegos y programas de televisión e internet con este propósito. Han descubierto que el movimiento vertiginoso de imágenes, el zoom, la alta intensidad luminosa y los efectos de sonido, producen un efecto hipnótico que atrae y mantiene la atención. El simple reflejo luminoso e intermitente es suficiente para cautivar los ojos y el cerebro. Y si a ello se le agregan imágenes atractivas e intensidad de colores, resulta difícil librarse de la fascinación ejercida por la pantalla. Al mirar la televisión, el cerebro emite ondas alfa que producen una sensación de placer y relajamiento. Con esta información en mente ¿te sorprende que el niño no quiera apagarla? Por eso él piensa que ha estado un rato mirando televisión, cuando en realidad han pasado varias horas. ¡Ya perdió la noción del tiempo!

"¡Enrique! ¡Enrique! ¿Qué no escuchas? ¿Estás sordo o qué? ¡Te dije que apagaras el televisor terminando el programa! ¡Cuántas veces te tengo que decir que obedezcas!"

En este caso toca a la madre "desenchufarlo", porque tanto los videojuegos como los programas, están ideados para mantenerlo atrapado, y a muchos niños y adolescentes les cuesta trabajo detenerse por sí solos. Pasan de un aparato a otro sin saciarse jamás: del celular a la televisión, y de ahí al videojuego para regresar al celular. Se acostumbran a nunca desconectarse en casa, y si la escuela no pone un límite, estarán conectados todo el día. Es así como la tecnología se convierte en una adicción: necesita estar conectado a un aparato ¡para sentirse bien!

La palabra adicción asusta y por eso lo anterior puede parecer exagerado. Pero como siempre pienso que primero hay que comenzar por uno mismo, te invito, a través de las siguientes preguntas, a revisar de una manera más objetiva tu relación con la tecnología.

Preguntas para reflexionar

○ ¿Te sientes nervioso si suena el celular y no lo puedes contestar? ¿Te pones ansioso cuando no revisas cada mensaje que llega? ¿Piensas que te pierdes algo muy importante si no atiendes el celular aunque no tengas ninguna urgencia de momento? ¿Revisas el celular constantemente aunque no suene?

○ ¿Al hablar con tu hijo lo dejas con la palabra en la boca para contestar el celular? ¿Se queja de que no sueltas el celular? ¿La pareja te recrimina de que no le haces caso por estar llamando?

○ ¿Interrumpes las comidas para contestar el celular? ¿Se lo permites al hijo?

○ ¿Te molesta que pidan que apagues el celular en lugares públicos? Aunque no tengas ninguna urgencia ¿te cuesta trabajo apagarlo y lo dejas en vibrar "por si acaso"?

○ ¿Olvidas con frecuencia apagar el celular y lo contestas en el cine, en una conferencia, en un concierto? ¿Piensas que si hablas en voz baja pasarás desapercibido?

○ ¿Pides a tu hijo que se comunique por celular con mucha frecuencia? ¿Te pone nerviosa no saber dónde está en cada momento? ¿Le pides que llame a cada rato?

○ ¿Pasar un día sin el celular te parece inconcebible? ¿Cuántos grupos de chats tienes?

○ ¿Cuántos aparatos tecnológicos están encendidos al mismo tiempo en tu casa? ¿Te sientes incómodo cuando hay silencio?

○ ¿Pasas más tiempo en las redes sociales que en relaciones reales?

Si contestaste sí a varias de las preguntas anteriores, tienes un problema de dependencia de la tecnología afectando a tu familia. Otorgas a los aparatos un lugar preponderante ¡que el hijo debería ocupar! Al contestar el celular mientras él habla, el mensaje es claro, *¡los demás son más importantes que tú!*

¿Tú controlas a la tecnología, o la tecnología te controla a ti?

Como siempre, el trabajo comienza con uno mismo. Encuentra un equilibrio para integrar la tecnología en tu vida. Es una herramienta muy útil, pero nada más. Si no la usas responsablemente afectará negativamente la vida familiar.

Un niño le dice a su amigo, "Yo ya sé como hacer para que mi mamá deje de hablar por el celular... ¡le jalo el pelo a mi hermana!"

En este caso, ¡es el hijo quien "desenchufa" a la madre!

El uso responsable de la tecnología

"No hijito, no te descargamos del internet, tú naciste de mi pancita en el hospital...", explica la madre a Daniel de 4 años.

Considera dos aspectos fundamentales en el uso responsable de la tecnología: *el tiempo que pasa el hijo usando la tecnología, y el contenido que ve*. Algunos padres están atentos al tiempo que su hijo pasa frente a un aparato, pero descuidan el contenido, y otros al revés; cuidan el contenido, pero hacen caso omiso del tiempo. Si quieres ser responsable necesitarás tomar en cuenta ambos aspectos.

El tiempo

¿Por qué es importante considerar el tiempo que pasa el hijo frente a un aparato? Aunque la madre seleccione una serie de programas para niño, adecuados para su edad, interesantes y educativos, si no toma en consideración las actividades que dejará de realizar por ver esos programas, el hijo se volverá solitario, pasivo y sedentario.

En los primeros siete años de vida, la actividad física es fundamental para la adquisición de las destrezas y las habilidades necesarias para dominar su cuerpo, desarrollo que repercute directamente en el cerebro. ¿Qué secuelas tendrá en su desarrollo integral si en lugar de ser un niño activo que sube, baja, corre, salta, permanece sentado por horas, inmóvil, hipnotizado frente a un aparato? ¿Tendrá implicaciones cognitivas y sociales?

En las últimas décadas ha habido un incremento notable en el número de niños con problemas de aprendizaje, problemas de déficit de atención y de hiperactividad, problemas de obesidad y trastornos en el sueño. Este aumento es coincidente con la falta de actividad física en los niños. El sedentarismo tiene un mayor impacto en niños pequeños. Es por ello que la Academia Americana de Pediatría de Estados Unidos publicó un comunicado urgente en donde advierte a los padres, que a los niños menores de dos años, no se les permita ver televisión. Estudios recientes en bebés e infantes muestran que, el desarrollo temprano del cerebro y la adquisición de habilidades cognitivas fundamentales, dependerá de la interacción directa con la madre. Por lo tanto, recomienda no exponer, a niños de esa edad, a ver televisión.

En aras de ser modernos y por comodidad, utilizamos la tecnología como una especie de niñera que entretiene al niño y nos ahorra la molestia de cuidarlo. En un avión me tocó presenciar el siguiente caso:

Una madre con tres niños abrió una bolsa grande, y una vez que estaban sentados y asegurados al asiento, empezó a repartirles tabletas electrónicas por colores, "La verde es tuya, la azul, tuya, y a ti te toca la roja". Los niños cogieron las tabletas y se enfrascaron cada uno en un juego; no chistaron durante todo el vuelo.

¿Práctico? ¡Claro que sí! El problema en este caso es el tiempo que pasan sin convivir, sin relacionarse... ¡ausentes! Me pregunto qué tan frecuentemente se repite esta escena, si ocurre de vez en cuando, como distractor mientras viajan, no hay tanto problema. Pero si es la única manera que utiliza esta madre para mantenerlos ocupados y tranquilos... ¡cuidado! ¿Es trabajo cuidar a un niño? Claro que sí. ¿Cansa? ¡Por supuesto! Pero no hay alternativa si se quiere que el niño crezca sano. No puedes delegar a la tecnología la responsabilidad de educarlo y esperar un buen resultado. Somos testigos del número creciente de niños con problemas cognitivos, emocionales y sociales. ¿Cuántos niños más deberán afectarse para que despertemos y asumamos nuestra responsabilidad?

Pon límites claros

Un niño que no tiene límites comienza a aislarse y no aprende a relacionarse. Vive en un mundo virtual en donde tiene la ilusión de conocer a muchas personas y hasta sentirse muy popular, pero sin tener, en la realidad, relaciones verdaderas, significativas y profundas.

Te brindo las siguientes recomendaciones para poner límites al uso de la teconología:

1. *No permitas ningún aparato electrónico a la hora de la comida o en momentos importantes de convivencia.*

Esto, por supuesto, ¡te incluye a ti! Las comidas en familia son sagradas. Nada acerca más a una familia que comer juntos, pues son momentos donde se nutre el cuerpo y la relación con los seres queridos. No importa que tan complicada sea la agenda de todos, asegúrate de hacer por lo menos, una comida juntos al día.

"Entiendo hijo que te parezcan aburridas las comidas familiares en casa de la abuela, pero para nosotros es sumamente importante que asistas y por ningún motivo puedes faltar."

Ignora la mala cara de tu hijo, y oblígalo a asistir. Es la única manera de asegurarse que "a pesar de si mismo" forme parte de la familia. Cuando los padres, erróneamente, lo excluyen bajo el argumento: "No tiene caso que venga si va a venir de malas", una vez que pasa la adolescencia y quieren reintegrarlo a la convivencia familiar, ¡es demasiado tarde! Ya se acostumbró a no participar.

"Mis nietos saben que cuando vienen a comer está estrictamente prohibido traer celulares a la mesa. Al principio se quejaron amargamente, pero ya se acostumbraron y, cuando llegan, los dejan en una canasta especial en la entrada. Desde que impuse esa regla platicamos y convivimos ¡tan a gusto!"

2. Desconecta al hijo a la hora de dormir.

¿Sabías que lo niños de preescolar duermen 30 minutos menos por noche y los de primaria hasta terminar la preparatoria, una hora menos que hace 30 años? Las causas: exceso de actividades, falta de rutinas para dormir, la tecnología en general, y el hecho de que muchos padres que no ven al hijo durante el día, interactúan con él en la noche. Como el cerebro está en proceso de desarrollo hasta los 25 años, y gran parte de ese desarrollo se lleva a cabo mientras duerme, el tiempo de sueño perdido tiene un impacto exponencial sobre el niño y el adolescente.

Te comparto algunos resultados sobre las investigaciones de las consecuencias que acarrea este tiempo de sueño perdido:

- La pérdida de una hora de sueño por día equivale a la pérdida de dos años de maduración y de desarrollo cognitivo.

- Un niño o adolescente cansado no puede recordar lo que acaba de aprender porque las neuronas han perdido plasticidad, y son incapaces de formar nuevas conexiones sinápticas, necesarias para codificar un recuerdo.

- La falta de sueño contribuye al trastorno de déficit de atención por hiperactividad.

- La pérdida de sueño también afecta la falta de atención, pero por una razón distinta: se reduce la capacidad corporal de extraer glucosa de la corriente sanguínea. Por eso, una persona cansada tiene problemas para controlar impulsos, y el estudiar lo deja en un lugar secundario, con respecto a otras posibilidades más entretenidas. Estos dos mecanismos debilitan la capacidad del niño para aprender durante el día.

- Se sospecha que en la adolescencia los cambios de ánimo, la depresión, incluso comer vorazmente, sean síntomas de la privación crónica de sueño.

- Durante el sueño el cerebro sintetiza algunos recuerdos del día, pero se potencian y concretan durante la noche: se extraen nuevas inferencias y asociaciones que producirán comprensiones al día siguiente. Cuanto más haya aprendido el niño en el día, ¡más necesitará dormir por la noche!

- En cuanto al contexto emocional, los recuerdos negativos se procesan en la amígdala, y los positivos o neutrales en el hipocampo. La falta de sueño afecta al hipocampo más intensamente que a la amígdala, lo cual quiere decir, que

*una persona cansada recuerda perfectamente las cosas desa-
gradables, y olvida los sucesos agradables.*[11] ¡Eso explica el
mal humor de una persona cansada!

En conclusión: si se reduce el sueño del niño y del adolescente, el aprovechamiento académico y estado de ánimo em-
peoran. La motivación decae y se tornan más impulsivos y
depresivos.

Por tanto, ¡cuida la calidad de sueño de tu hijo! Recomiendo que recojas el celular y demás aparatos electrónicos
a cierta hora. No importa si protesta.

Si preguntara "¿Por qué me quitas el celular, acaso no
confías en mí?" Simplemente contesta, "Te hago un favor
hija, al quitarte la tentación, dormirás más tranquila".

3. *No pongas televisor en la recámara del hijo.*

> La tía vino de visita y duerme en un cuarto al lado de su
> sobrina Violeta, de 13 años. A las 10:00 p. m., Violeta se
> despide, les desea buenas noches y se retira a su recámara.
> A las 3:00 a. m. la tía se levanta para ir al baño y le llama
> la atención ver alumbrada la recámara de su sobrina. Cuál
> no sería su sorpresa cuando se da cuenta que a esa hora
> ¡sigue viendo la televisión!

¡La madre de Violeta es una ilusa! Cuando ella duerme piensa que su hija hace lo mismo, pero ignora que, en realidad,
sigue hasta la madrugada entretenida en el chat, con la televisión o internet. No es de sorprendernos que esta chica
presentara serios problemas de atención y de aprendizaje en
la escuela.

---

[11] Las últimas cuatro viñetas del punto 2 están basadas en Bronson, Po y
Ashley Merryman. *Educar hoy.* Sirio. España, 2011, pp. 42-47.

Para muchos padres adquirir varios televisores y que el hijo tenga el suyo significa prosperidad y, por tanto, un motivo de orgullo. Pero poner un televisor en el cuarto del hijo presenta tres riesgos: no controlas el tiempo que lo tiene encendido, no sabes qué programas ve y, además, se aísla. ¿Cuál será la calidad de la relación si cada uno pasa horas entretenido en su recámara? Además, mientras más televisores tiene un hogar, más aparatos habrá que vigilar. Te recomiendo poner la televisión en un área común, donde puedas estar pendiente.

4. *Apaga el televisor cuando no lo estén viendo.*

"Voy a apagar el televisor", ofrece Raquel que está de visita con la familia de su amiga cuando se disponen a salir a comer. "No, déjalo, nunca lo apagamos," le contesta su anfitriona.

En este caso, el televisor se ha vuelto un miembro de la familia que siempre está presente y nunca para de hablar. Es ruido de fondo, sin el cual, la familia no puede vivir. Les evita la incomodidad de convivir y hace olvidar la soledad, con la ilusión de estar acompañados.

Apaga el televisor sin temor al silencio. Crea el espacio para interacciones y actividades significativas sin ruido. Permite que tu hijo juegue sin distracciones, y así alimentarás su creatividad y su concentración.

5. *Evita ver programas de adultos en la televisión con el hijo presente.*

Gina ve el noticiero mientras Esteban, su hijo de 2 años, juega con un carrito en la alfombra. "La guerra de Irán... el último secuestro..." Esteban interrumpe el juego y echa un vistazo a la pantalla. Atiende unos segundos, y cambia de juguete. "El asesinato de una mujer en... las inundaciones en el noroeste..."

Se acerca e intenta decirle algo a la madre pero ella le indica con la mano que guarde silencio. Esteban vuelve a mirar al televisor y rompe una hoja de papel que encuentra en la mesa.

Esta madre piensa que porque su hijo es pequeño no le afectará lo que transmiten en la televisión, pues si no comprende, no lo dañará. Nada más alejado de la verdad: las imágenes y el sonido por supuesto que lo impactan, independientemente de que comprenda o no el contenido.

Como adulto tienes todo el derecho de ver el programa que te plazca. Se vale. Pero asegúrate de que el hijo no esté ni presente, ni duerma en el mismo cuarto.

6. *Enséñale a evitar usar el celular en lugares o eventos públicos como restaurantes, cines, conciertos, museos, conferencias.*

Si no hace caso, pídele que lo entregue. ¿Le caerás mal? ¡Muy mal! Pero le ayudarás a desarrollar conciencia social, es decir, a tomar en cuenta a otros.

7. *Apoya las reglas de la escuela con relación al uso de los celulares.*

Si es amonestado por no hacer caso, permite que asuma las consecuencias por desobediencia. ¡No lo rescates! La escuela te hace un favor al ponerle límites.

8. *Pon un límite claro en cuanto al tiempo de uso.*

Los padres suelen preguntar sobre cuánto tiempo es conveniente que el hijo tenga acceso a la tecnología. La Academia Americana de Pediatría de Estados Unidos recomienda evitar que los niños menores de 2 años tengan acceso a la tecnología; los de edad preescolar una hora máximo al día, y los mayores no más de dos horas diarias.

Para decidir si es necesario recortar el tiempo que tu hijo utiliza la tecnología, sugiero monitorear durante una semana a todos los miembros de la familia para hacerte una idea sobre el número de horas efectivas que dedican a estar conectados. La cifra esperada suele estar muy por debajo de la realidad. Como el fumador que asegura que solo fuma tres cigarrillos al día, pero en realidad son 10, muchos padres piensan que tanto ellos como los hijos pasan un par de horas al día frente a algún aparato: ¡la realidad es otra muy distinta!

Sin hacer cambio alguno, anota en una libreta los datos recabados durante la semana. Comparte el resultado con la pareja y decidan si desean realizar cambios. Lleguen a un acuerdo antes de notificar al hijo. Recuerda: la decisión es suya, ¡no de él!

Romper un hábito es difícil, y será necesario implementar el cambio durante 21 días, por lo menos. Si tienes varios hijos verás que no todos responderán igual. El grado de resistencia al cambio, variará con cada uno.

No esperes que el hijo se desconecte solo, es tu responsabilidad vigilarlo. Como madre te corresponde ayudarlo a contener sus impulsos y fortalecer su voluntad. Estás modelando lo que esperas que él pueda hacer a futuro.

Compra un cronómetro y programa la alarma que indique que terminó el tiempo. No cedas ante ninguna súplica, ruego o manipulación. Cuando se acabó el tiempo, se acabó, y punto final. El regaño no sirve de nada, ¡actúa! Calmadamente, dile, "Se acabó el tiempo. ¿Lo apagas tú? o prefieres que lo haga yo". Si protesta o se rehúsa, indícale: "Veo que prefieres que yo me haga cargo". Apaga el aparato o exige que lo entregue.

Aguanta el mal humor y los reproches en aras de su bienestar.

9. *Al desconectarse, ¡compensa!*

Después de pasar varias horas frente a algún aparato electrónico es probable que el niño esté inquieto e irritable. Tal vez te recrimine por estar aburrido. La tentación de permitir que se conecte a otro aparato con tal de que te deje en paz, es enorme, ¡resiste! En vez de eso, fomenta:

- Actividades al aire libre, disfrutar de la naturaleza.
- Practicar algún deporte.
- Lectura o actividades que estimulen el intelecto.
- Actividades artísticas.
- Juego creativo, juegos de mesa, rompecabezas, etcétera.

En pocas palabras, cualquier actividad en la que participe activamente y lo mantenga atento. Jugar juntos o conversar lo ayudará a hacer la transición más suavemente.

El contenido

Al preguntar a los padres si dejarían a su hijo pequeño solo en un parque con personas extrañas, la respuesta siempre es "Por supuesto que no". Sin embargo, dejar al niño sin supervisión y con acceso a los medios de comunicación ¡es lo mismo! El niño no tiene la capacidad para filtrar la información. Cuanto más pequeño sea, menor discernimiento tendrá, para él ¡toda la información es cierta! Ahí radica el peligro, no puede separar la ficción de la realidad. De nada sirve explicarle, la imagen prevalecerá; es decir, tiene mayor peso contra cualquier argumento.

¿Qué decir del contacto con internet donde puede recibir información que no es apropiada para su edad? Muchos niños entran en contacto con la pornografía accidentalmente o por inducción de algún compañero. Para saber más del tema, recomiendo el libro *A un clic de distancia,* es una excelente guía para alertar a los padres sobre los riesgos que corren sus hijos, y los invita a que se involucren y se enteren de lo que ocurre en la red.[12]

Ante la duda sobre si el contenido de una película, programa o videojuego es adecuado para su edad, "cúrate en salud", dile, "No sé, primero tengo que revisarlo". Porque es muy difícil desandar lo andado. Es decir, ¿cómo borrar del subconsciente algo que ya vio y lo inquieta?

"Mi hijo se empecinó en ver una película 'que todos sus amigos ya habían visto' pero que yo sabía que era muy violenta. Tanto insistió que me hartó y le di permiso. A partir de entonces tiene miedo, sufre de pesadillas e insiste en pasarse a nuestra cama en la noche. Me siento culpable de haber cedido y ahora ¡no sé qué hacer!"

Por eso es mejor prevenir que lamentar. Ante el argumento: "¡Es que todos mis amigos ya la vieron!", responde, "Puede ser (seguramente solo son uno o dos de sus amigos), pero yo estoy a tu cargo, así que a mí me corresponde decidir". Pasarás un mal rato por su enojo, pero es preferible a correr el riesgo de que termine lastimado.

Una madre me comentó después de una conferencia en ciudad Juárez:[13]

"Mi hijo de 7 años, un día que yo no estaba en casa, vio un programa de *Casos de la vida real,* en la televisión. Presentaron el caso de un niño que le habían arrancado los ojos para venderlos. Mi hijo quedó tan impactado que mi esposo y yo deci-

---

[12] Laguarda, Elena, María Fernanda Laguarda y Regina Novelo. *A un clic de distancia.* Urano, México, 2015.

[13] Ciudad que se encuentra en el estado de Chihuahua, México.

dimos demostrarle que no era cierto. Me unté frente a él salsa de tomate en la cara y en el cuerpo, y mi esposo me grabó con la idea de enseñarle que solo era un truco. Luego le mostramos la película y ¡estaba más asustado que nunca!"

Estos padres erróneamente creyeron que con esa demostración el niño dejaría de tener miedo. Ignoraban que la estimulación visual tiene prevalencia sobre la verbal. Es decir, la imagen impacta al niño independientemente de lo que le expliquen. Ahora sufre el impacto causado por la imagen del niño ciego y ¡también la de su madre ensangrentada!

¿Para qué exponer al niño a pasar un mal rato por culpa de la televisión? ¿Por qué no evitar que vean conflictos y la crudeza de la realidad hasta que adquieran el criterio para comprender? La responsabilidad sobre qué tiene permitido ver o no, recae en ti. Al dejarlo solo estará en manos de lo que llame su atención.

"Papá ¡tengo miedo!", le dice Ramón de 4 años a su padre en el cine. El padre, sin quitar la vista de la pantalla le contesta, "Aguántate hijo, no pasa nada. No es para que te asustes, ¡o no te vuelvo a traer!"

Este padre ha olvidado qué significa tener 4 años y no toma en cuenta el miedo que su hijo siente. Este niño aprenderá a ignorar y reprimir sus sentimientos con tal de no ser rechazado por el padre.

Lo que para un adulto puede ser insignificante o divertido, para un niño pequeño puede ser incomprensible y atemorizante. Basta con que el niño sienta ansiedad o temor para comprender que el evento no corresponde a su madurez. Cada niño es distinto. El niño de temperamento melancólico seguramente será más sensible y habrá que poner mayor atención.

Si el niño tiene miedo, el padre deberá retirarlo para evitar afectarlo. ¿Resulta difícil salirse de una función entretenida? ¡Claro que sí! Pero el bienestar del hijo debe ser prioridad.

"Karla, escuché a un bebé en el cine, pero no sabía que era el tuyo. ¿Cuántos meses tiene?" "Ocho, afortunadamente no lloró más que una vez y no me tuve que salir. Se durmió la mayor parte del tiempo"

¿Qué efecto tiene este tipo de estimulación visual y auditiva en un bebé? Se sabrá con el paso de los años, pero si se tiene acceso a opciones más sanas de entretenimiento en casa, ¿para qué exponerlo de esa manera? El hecho de que aún sea muy pequeño para protestar no quiere decir que no lo afecte.

Videojuegos

Los videojuegos son cada vez más realistas al evolucionar de la segunda a la tercera dimensión. El jugador ha dejado de ser un actor externo que controla la situación, para convertirse en el personaje inmerso en la acción, y ser quien decide qué hacer en el juego. De ser un pasatiempo solitario, ahora pueden interactuar en línea con una o varias personas que bien pueden estar en otras partes del mundo, con el lenguaje común del juego.[14]

Decir que las nuevas generaciones tienen un chip distinto, en parte se debe al hecho de que a través del uso de la tecnología y con los videojuegos, han desarrollado habilidades y destrezas maravillosas: decodifican símbolos, resuel-

---

[14] Laguarda, Elena, María Fernanda Laguarda y Regina Novelo. *A un clic de distancia*. Urano, México, 2015, pp. 111-113.

ven problemas y acertijos, aumenta la atención y concentración, eleva la tolerancia a la frustración, y mejora la coordinación óculo-manual. Estos videojuegos les dan, a algunos niños, cierto reconocimiento social por parte de amigos.

Si bien en estos aspectos es positivo, habrá que cuidar el tiempo y el contenido. Pensar que, por ser un juego es inofensivo, es un error muy grave. Es importante respetar la clasificación acorde a la edad porque muchos juegos son sumamente violentos. En esos casos la atención del niño se enfoca en agredir y destruir, con repercusiones a nivel bioquímico, cerebral y conductual. Le genera estrés crónico y lo predispone a la violencia y a asumir como propios, modelos sociales violentos. Afecta el autocontrol y le genera comportamientos impulsivos, agresivos, poco empáticos y adictivos. Algunos estudios preliminares han concluido que puede ser una de las causas del daño del lóbulo prefrontal y frontal, que presentan adolescentes sociópatas.[15]

Nuevamente, la solución no es condenar la tecnología, sino *estar atentos y no permitir que tu hijo participe en un juego que no sea para su edad*. Si sabes que alguno de sus amigos lo invita para eso, simplemente dile, "No te doy permiso de ir a su casa porque no estoy de acuerdo en que participes en esos juegos". No te inmutes si se pone furioso. Él es incapaz de medir las consecuencias de estar en contacto con tanta violencia.

El famoso, "Ya tendrás edad para hacer todo lo que quieras" es poco popular, pero muy cierto. Así que ¡no te canses de repetirlo! Yo recuerdo haberles dicho una y otra vez a mis hijos: "Todo, absolutamente todo, lo vas a ver, pero a su tiempo". Si bien protestaban enérgicamente, nunca me arre-

---

[15] Idem

pentí de haberme mantenido firme cuando me parecía que algo no era adecuado para ellos.

En resumen: es tu responsabilidad cuidar el desarrollo del hijo, a todos los niveles, al estar pendiente y presente cuando accede a los medios de comunicación. Eso implica cuidar *cuánto tiempo puede conectarse* para no afectar el desarrollo motriz y prevenir la obesidad; para evitar la falta de atención, la hiperactividad y el aislamiento.

También implica *vigilar el contenido*, con el objeto de preservar su inocencia el mayor tiempo posible, sin que sea expuesto, antes de tiempo, a la realidad cruda, compleja y difícil que la vida presenta. En cuanto a las redes sociales, puedes profundizar en mi libro *Disciplina con amor para adolescentes*.[16]

El mejor de los regalos: tu tiempo

Tu hijo te necesita. Te invito a reorganizar algunas actividades de tu vida para tener más tiempo para convivir. Para crear un espacio de acercamiento y conocer quién es, qué le apasiona, qué lo avergüenza, qué le divierte, qué lo inquieta, qué lo atemoriza. Para animarlo y alentarlo si tuvo un mal día. Para que te muestres vulnerable, cercano, expuesto. Para que conozca tu lado dulce y tierno, y le contagies la alegría y la pasión por la vida.

Es un dar y recibir. Das al niño tu bien más preciado: tu tiempo, y él te regresará a cambio, un amor sin condiciones. Tú le das experiencia y sabiduría, él te entregará su confianza absoluta. Tú le das seguridad y él se apoyará en ti, agradecido.

---

[16] Barocio, Rosa, *Disciplina con amor para adolescentes*, Pax, México, 2014.

Del hijo siempre recibirás más de lo que das, solo que a veces no te das cuenta. Te dejas envolver por la prisa, la urgencia y te vuelves ausente. Necesitas apaciguar el torbellino de emociones y aquietarte para contactar el *ser*. Porque es el *ser* el que se conecta, el que clama por mostrarse y compartir. Es tu parte hermosa, sencilla que no le interesa aparentar. Es la parte que ama.

Caminar al lado del hijo es un regalo. ¡Acompáñalo con el corazón abierto!

Segunda parte

capítulo 8

EDUCAR SE ESCRIBE CON E DE EQUILIBRIO

Una nueva alternativa: la educación consciente

En los capítulos anteriores esbocé la complejidad del panorama actual que enfrentamos, tanto padres, como educadores. Resulta inútil presentar problemas y conflictos sin proponer alternativas de solución. Al criticar por criticar y juzgar por juzgar, nos volvemos negativos, pesimistas y cínicos. Si no intentamos buscar y aplicar posibles soluciones, acabamos desesperanzados. Nos cortamos las alas y nos enfermamos de desaliento.

Analicemos, pues, las distintas posibilidades con relación a la educación del hijo: regresar al autoritarismo, quedarnos en la permisividad o buscar un camino alternativo.

Las personas que han heredado el autoritarismo e insisten en sostenerlo, se encuentran desfasadas, además de que enfrentarán serias dificultades porque los chicos de hoy cuestionan, argumentan y se rebelan, con una fuerza, que sorprende. Esta exigencia juvenil es justa: quieren ser tomados en cuenta y ser respetados. Las personas que intentan repetir la educación de sus padres sin mayor reflexión, te dicen:

"Mira, en mi casa mi padre ejercía la mano dura y era autoritario, tú conoces a mis hermanos, ¿acaso ves a alguno traumado? Yo por eso no me complico la vida y educo a mis hijos de la misma manera"

Sería necesario ver más allá de las apariencias para reconocer las heridas del corazón y juzgar si fueron o no, afectados. Algunas personas se conforman con que sus hijos hagan dinero, se casen y no sean delincuentes o drogadictos, el resto, es ganancia. Prefieren ignorar aquello que es invisible: los resentimientos, la vergüenza, las carencias, la falta de autoestima. Esas heridas las ignoran porque no están a flor de piel, pero afectan la vida diaria, las relaciones y el trabajo. Empañan los éxitos y amargan las alegrías. Contaminan la manera de amar y dañan, en lugar de enriquecer, la relación con el hijo.

Regresar al autoritarismo no es una solución viable y la permisividad tiene los peligros que he tratado en los capítulos anteriores. Entonces, ¿qué opción nos queda?

Buscar el equilibrio para dejar de oscilar como péndulos de un extremo al otro, del control absoluto a la indiferencia total. De la absurda rigidez, al abandono emocional. Escuchamos decir: "Equilibrio, equilibrio, eso es lo que necesitas para educar, equilibrio". Encontrar ese punto medio entre el autoritarismo y la permisividad requiere de algo que no llega solo: la consciencia. Solo a través de ser consciente encontrarás ese balance que te llevará a tener una relación distinta con el hijo. *Tener consciencia implica estar atento para evitar caer en la polarización.* Equivale a manejar por un camino sinuoso y estrecho que demanda toda la atención. En eso estriba la dificultad: ¡mantenerte alerta!

Adquirir consciencia requiere de un esfuerzo personal para romper la inercia. Vivir semiconsciente o "dormido", en cambio, no reclama ningún tipo de esfuerzo. Puedes transitar por la vida arrastrado por la corriente, pendiente del "qué dirán" y tu existencia transcurrirá sin dejar huella alguna. Si quieres educar al hijo de manera consciente, necesitarás detenerte y reflexionar. Observar los opuestos y elegir el equilibrio.

Esta nueva propuesta de educación es el resultado de la sinergia entre ambos extremos. Sinergia significa que el resultado de la combinación de varios elementos es mayor y distinto a la suma de las partes. Por tanto, la sinergia que resulta en esta nueva propuesta será mayor a la suma de los aspectos positivos del autoritarismo y de la permisividad.

Educar, entonces, se convierte en un camino de doble vía, en donde el adulto respeta al niño y el niño aprende a respetar al adulto. Donde el padre asume el papel de autoridad con responsabilidad y orgullo y donde el hijo se sabe protegido, seguro y tomado en cuenta.

En la connotación más elevada, *educar significa guiar al niño en su proceso de maduración a través del reconocimiento y el profundo respeto hacia la individualidad. Acompañarlo hasta que se convierta en adulto joven y encuentre, en libertad, su destino.*

Respeto, al igual que libertad, han sido conceptos mal interpretados en la permisividad. En la práctica, denota libertinaje en el niño, y falta de decisión y responsabilidad en el adulto. Así que en los próximos capítulos trataré de revisarlos en un contexto práctico y sencillo, que te permita implementarlos en la convivencia diaria con el hijo. Para ello analizaré cuatro actitudes equivocadas: la sobreprotección, el abandono, las expectativas cerradas y las comparaciones. En cada uno de estos capítulos presentaré, como ayuda, los pilares sobre los cuales se sustenta la educación consciente y la disciplina con amor:

♦ Habilitar, alentar y confiar
♦ Tener expectativas abiertas y dar amor incondicional
♦ Cultivar la autoestima y poner límites sin lastimar

Antes de abordar los siguientes capítulos, quisiera ofrecerte un cuadro que te permitirá, de manera simplificada, comparar ambas opciones de educación: el autoritario y el permisivo, y encontrar como punto de equilibrio, la educación consciente (véase final del capítulo).

Habrá que tener en cuenta que la vida no es tan sencilla, ya que en las familias existe un sin fin de combinaciones posibles. Por ejemplo, en una familia, el padre puede ser autoritario y la madre permisiva, o viceversa. En ese caso, el hijo aprenderá a comportarse y cuidarse cuando está el padre, y recurrirá a la madre para consolarse y así conseguir lo que quiere. En esta situación, los padres discutirán frecuentemente, sin alcanzar un acuerdo jamás. A menos que la madre, por miedo, no contradiga abiertamente al esposo, pero solape secretamente al hijo.

"Papá me castigó y dijo que me quedaré sin mi mensualidad. Con ella iba a comprarme el videojuego que ya tienen todos mis amigos". La madre guarda silencio un momento y en voz baja le dice: "Te voy a prestar el dinero, pero que no se entere tu padre, porque me pones en un verdadero aprieto…"

En este caso el padre es el "malo" y la madre juega el papel de la "buena". Ella sabotea la autoridad del padre y de esa manera se asegura el cariño del hijo. Entre más estricto es el padre, más consentidora y permisiva se volverá ella. Inconscientemente intenta equilibrar una situación, por demás, dispareja.

También se da el caso del padre permisivo que, cuando piensa que las cosas se han salido de control, recurre a ser autoritario para poner orden.

La madre ve atentamente una telenovela en su recámara. Cuando se levanta durante los comerciales, se percata de que sus hijos corren alocadamente en la sala con las manos sucias de comida y aventando los cojines. Como no quiere perderse el final del programa, hace caso omiso del desastre. Una vez que termina, al encontrar la sala sucia y desordenada, les pega un grito: "¡Vengan acá, Luis y Marisol, que se las van a ver conmigo!" Cuando aparecen sus hijos, les da unas nalgadas y los castiga encerrados en su cuarto.

A esta madre no le interesó saber en qué se entretenían los niños mientras veía la novela, pero cuando se percató del desastre hecho, recurrió a la nalgada. Al día siguiente les vuelve a permitir todo, hasta que no aguanta más, y recurre al castigo nuevamente. Es decir, comienza el día siendo permisiva, después se vuelve autoritaria, y cuando se siente culpable de ser tan estricta, regresa nuevamente a la permisividad. Ninguno de los dos extremos le satisface, pero al ignorar que existe otra alternativa, oscila de un polo al otro. Sus hijos viven expectantes al humor del momento sin saber qué esperar de ella, ya que puede darles, en un momento, total libertad, y en otro, limitación excesiva. También se da el caso de padres que son autoritarios con un hijo y permisivos con el otro. Es frecuente encontrar padres que fueron muy estrictos y rígidos con los hijos mayores y, después, ya cansados, dejan hacer lo que les viene en gana a los más pequeños. Otra opción es que sean autoritarios con todos, menos con el consentido. En otras familias los padres son permisivos con los hijos varones y estrictos con las mujeres, o viceversa.

Reclama la hija al padre: "Papá ¿por qué a Renato, que es menor que yo, lo dejas llegar más tarde?" Exasperado contesta: "¿Cuántas veces tengo que decir que porque él es hombre y tú eres mujer?"

Como ves, las combinaciones pueden ser muy variadas.

Preguntas para reflexionar

En mi familia de origen
- ¿Cómo fueron mis padres?, ¿estrictos o relajados?
- ¿En qué tipo de ambiente familiar crecí?

En mi familia actual

- ¿Tiendo a ser permisivo o autoritario?
- ¿Educo de acuerdo a mi estado de ánimo? Si estoy de buen humor ¿soy permisivo? si estoy enojado, ¿autoritario?
- Si tengo pareja ¿comparto la misma resolución? o ¿nos polarizamos cada uno en un extremo?
- ¿Estoy repitiendo el mismo patrón heredado de mis padres? o, como reacción, ¿hago lo contrario? ¿Cuál es la situación de mi pareja?

El siguiente cuadro te ayudará a encontrar un punto de equilibrio para educar de manera consciente.

Equilibrio:
Disciplina con amor

Educación autoritaria *El padre militar*	Educación consciente *El padre con autoridad*	Educación permisiva *El padre malvavisco*
Actitud frente al hijo		
• Controlador	• Respetuoso	• Complaciente
• Represivo	• Toma su responsabilidad	• Delega su responsabilidad al hijo
• Arbitrario	• Toma decisiones conscientes	• No toma decisiones
• Exige respeto pero no respeta al niño	• Hay respeto mutuo	• Respeta al niño pero no es respetado como padre
• Firme pero irrespetuoso	• Firme y respetuoso	• Respetuoso pero sin firmeza
• Reprime las emociones del hijo	• Permite que el hijo exprese sus emociones pero ofrece guía	• Deja que el hijo exprese sus emociones pero no ofrece guía
Para disciplinar		
• Critica y culpa	• Asume su autoridad	• Ignora, permite o cede
• Humilla y compara	• Pone límites de manera respetuosa	• Ruega, suplica, convence
• Recompensa	• Aplica consecuencias	• Soborna
• Castiga	• Ayuda a encontrar soluciones	• Recompensa
• Grita y amenaza, da nalgadas, golpea	• Pone el ejemplo	• Manipula, sobreprotege

Educación autoritaria	Educación consciente	Educación permisiva
El hijo reprimido	*El hijo respetuoso*	*El hijo demandante*
Actitudes y creencias		
• Yo no cuento	• Yo cuento pero los demás también	• Solo yo cuento
• Obedece ciegamente, es complaciente, sumiso y miedoso	• Sabe comunicar sus necesidades	• Exigente, egoísta y caprichoso
• Reprime sus emociones o las expresa inadecuadamente	• Aprende a expresar sus emociones sin lastimar a otros	• Expresa sus emociones sin importarle si lastima
• Rebelde y retador	• Desarrolla autodisciplina y tiene voluntad	• No tiene autocontrol, ni voluntad
• Responsable cuando es vigilado	• Responsable, participa y coopera	• Irresponsable, dependiente y flojo
Consecuencias para el hijo		
• No se siente aceptado ni valorado y querido	• Se siente aceptado, valorado y querido	• Se siente abandonado
• Se siente humillado, impotente, asustado, frustrado, enojado, resentido, culpable	• Se siente seguro tiene autoconfianza y autoestima	• Se siente inseguro, desprotegido, confundido, insatisfecho, inadecuado
• Alta tolerancia a la frustración	• Alta tolerancia a la frustración	• Baja tolerancia a la frustración
De adolescente		
• De acuerdo al temperamento se sacrifica o se rebela y se aleja	• Tiene comunicación abierta y buena relación con los padres	• Es grosero, irrespetuoso, irresponsable, dependiente, exigente
El ambiente en casa		
• Ordenado pero tenso	• Ordenado pero relajado	• Desordenado y caótico
• Rutinas rígidas	• Rutinas flexibles	• No hay rutinas

capítulo 9

SOBREPROTEGER Y ABANDONAR

El niño llega al mundo vulnerable y totalmente dependiente del adulto para sobrevivir. Necesita de su protección y cuidado para cubrir las necesidades básicas y, por eso, la naturaleza dota a la madre, después del parto y durante los primeros meses de vida, de un conjunto de hormonas, como la oxitocina, que provocan que el cuidado del bebé sea la máxima prioridad. Esta cercanía y atención permite un apego estable con la madre, que garantiza el desarrollo sano, emocional y mental del bebé.

Al crecer con padres pendientes y atentos, el niño se relaja, pues siente la presencia de los adultos que se ocupan de su seguridad. Entonces experimenta: "Cuando mis padres están presentes, nada malo me puede ocurrir, porque ellos se harán cargo." Esta protección maternal es un prerrequisito indispensable para su desarrollo.

En una caricatura de Schulz, le preguntan a Charlie Brown:[17] "¿Qué significa seguridad?" Y él responde: "Seguridad es dor-

---

[17] Charlie Brown es el personaje principal de la serie de tiras cómicas y de la animación conocida por el nombre de *Peanuts* de Charles Schulz.

mirte en el asiento de atrás del coche, mientras tus padres con-
ducen".

El niño necesita que los padres tomen el volante y se encar-
guen de tomar las decisiones pertinentes, pues solo ellos tienen la madurez y la responsabilidad para hacerlo. Entonces
el niño puede mirar despreocupadamente por la ventanilla
trasera, y disfrutar del paisaje, dormirse o jugar con el hermano.

Pon tu amor en acción, ¡cuida a tu hijo!

La tarea más importante de cualquier padre es cuidar al niño
con el fin de brindarle la protección y seguridad que necesita. El niño sabe que su supervivencia depende totalmente del
adulto, y su peor temor consiste en no ser suficientemente
querido y que lo abandonen. Sin esta seguridad se incremen-
tarán los niveles hormonales de cortisol y vivirá con miedo.

¿Es grave que el niño viva con miedo? Claro que sí, porque
el miedo le crea desasosiego y malestar, y tiene prevalencia sobre cualquier otra emoción; es decir, cuando siente miedo es
incapaz de recibir amor. ¡Solo siente miedo!

Algunos padres piensan que si repiten verbalmente frases
que expresen su amor, han cumplido. ¡No es así! No es suficiente que tu hijo se sepa amado, necesita sentirse amado, y
para lograrlo es necesario estar al pendiente y cuidarlo.

"Mamá, no me dejes sola en casa de mis tíos, ¡no me gusta!",
dice Isabela de 5 años a su madre. "Ni modo hija, te aguantas,
a tus tíos les hace mucha ilusión y yo tengo muchas cosas qué
hacer". Al dejarla en la puerta, la abraza efusivamente y se des-
pide: "¡Te amo hija!"

El amor no se predica, se pone en acción. La madre no sabe por qué su hija no quiere quedarse en casa de los tíos. ¡Cuántos abusos se podrían evitar si escucháramos al hijo! A pesar de las palabras cariñosas de la madre, la niña concluye: "No soy importante, mis necesidades no cuentan…no me quieren".

La primera demostración clara de ese amor es que el hijo se convierta en su prioridad y le brinde la atención suficiente para conocer sus necesidades, que no son lo mismo que sus caprichos.

"Quiero ver esa película, ¡todos mis amigos ya la vieron!", grita desaforadamente Santiago de 10 años. "Lo siento pero esa película es muy violenta y no permitiré que la veas".

En este caso, proteger al niño quiere decir medir las consecuencias y asumir las decisiones que corresponden, aunque no le gusten. Significa proteger al niño ¡de sí mismo! Pues aún no tiene la madurez para discernir que le conviene, y es presa de sus impulsos y sus deseos.

Poner tu amor en acción significa estar pendiente y presente para ocuparte de sus necesidades, y que él se sienta protegido y relajado para disfrutar de su niñez.

Cuando se pierde el equilibrio

Regresando a la analogía de Charlie Brown, se puede decir que cuando los padres olvidan darle al niño la protección que necesita y lo dejan solo, equivale a sentarlo al volante y ponerlo a conducir desde pequeño, mientras ellos, cómodamente, ocupan el asiento trasero. Le aconsejarán y advertirán sobre los peligros, pero el niño no tendrá la madurez suficiente para tomar las decisiones convenientes.

Por el contrario, si protegen de más, los padres no cederán el volante jamás, aunque el hijo haya madurado. Estos padres insistirán en que, solo ellos saben lo que conviene hacer, y ante el miedo de que el hijo choque, no lo enseñarán jamás a conducir.

Los padres del primer ejemplo abandonan al hijo, y los del segundo, lo sobreprotegen. Te invito a analizar ambas polaridades con el objeto de reconocer su efecto en la manera de educar y así, buscar conscientemente el equilibrio.

Hacer de menos: abandonar

Los padres permisivos abandonan al hijo por estar muy ocupados y estresados, y porque confunden la inteligencia del hijo con madurez, y el respeto con la falta de responsabilidad. Al permitirle que conduzca cuando aún no alcanza los pedales, lo abandonan bajo el argumento absurdo de "respetarlo". El niño toma el volante para ser después recriminado cuando choca. En otras palabras, le dejan tomar decisiones que no le corresponden, y después, lo regañan cuando sufre las consecuencias. Es un juego cómodo para los padres, pero muy injusto para el hijo.

Al no asumir el papel de adulto y dejar que el hijo haga lo que le venga en gana, el padre permisivo abandona al hijo a su suerte. El abandono más grave es el emocional, pues aunque el padre esté presente, el niño no siente la fuerza ni el sostén de un adulto bien plantado, que tome las riendas de la situación.

La familia Sánchez fue de vacaciones a esquiar. Camilo, de 10 años, insiste en que quiere, como su hermano mayor, rentar una tabla en lugar de esquís. Su padre le explica que si esquía con la tabla se puede agravar la lesión de la rodilla. Después de discutir acaloradamente, se retira, y le pide a su esposa que trate de "razonar" con él. Exasperados, ceden ante el capricho y rentan la tabla.

Al segundo día de esquiar, después de acudir al médico por la inflamación y el dolor de rodilla, debe guardar reposo en la cabaña. La madre, resentida por tener que acompañarlo, no deja de reprochar su imprudencia.

Años después, Camilo se someterá a una operación de rodilla.

A Camilo lo sentaron en el asiento del chofer cuando apenas alcanzaba a ver el tablero; aún era demasiado pequeño para divisar el camino. En otras palabras, no tenía la visión para contemplar las consecuencias de su capricho. Esa decisión correspondía a los padres, que conocían la gravedad de la lesión, y con firmeza, debieron sostenerse en la decisión que priorizaba su salud.

Hay diferentes maneras de abandonar: por ejemplo, el padre que se siente incómodo al convivir con niños pequeños. Recuerdo a un tío que decía: "Mira, a mí dame a un niño cuando tenga 12 años. Entonces son personas y ya es posible hablar con ellos. Antes de esa edad, que se encargue su madre".

Este tipo de padre quiere tener un hijo, pero desearía que se saltara la infancia, ya que esta le parece una verdadera monserga. Vive en un mundo de adultos y le estorban los niños, tanto propios, como ajenos. Deja al hijo a cargo de otras personas, mientras él asiste a compromisos y reuniones que, por supuesto, siempre son de adultos. Disfruta de acudir a lugares públicos vedados para los niños y no comprende la "necedad" de otros padres al incluirlos. El hijo no tiene cabida en su vida y la convivencia con él será una molestia hasta que, un día, madure y se civilice. Este niño sufre de abandono físico y emocional. Los padres le dan trato de un adulto pequeño, al que creen que solo le falta crecer en estatura. No le permiten comportarse ni jugar como niño, pues le exigen madurez y seriedad aunque solamente tenga 4 años. El niño, por la necesidad imperiosa de pertenecer y sentirse aceptado, se ve obligado a sacrificar su niñez y crecer rápidamente.

Los padres que abandonan al hijo muchas veces creen que, al complacer caprichos y lujos como comprar ropa de marca, aparatos electrónicos, alhajas caras y, por supuesto, una escuela prestigiosa, cumplen con el papel de padres y no tienen por qué dar más. Sustituyen presencia y atención por cosas materiales.

Teresa platica con su cuñada sobre su hija Karen de 14 años: "Estoy preocupada y he decidido cambiarla de escuela a una más pequeña. Las clases son abiertas y creo que estará mejor. Aunque el colegio en el que estaba tiene fama de ser el mejor, ella no se sentía bien con sus compañeras, pues son muy cerradas y poco amigables". Teresa es una madre que trabaja tiempo completo y convive muy poco con su hija, en un pueblo donde los jóvenes tienen escasas actividades por las tardes y la tentación de caer en las drogas y el alcohol, es frecuente. La madre ignora que Karen y un grupo de amigos, varios años mayores que ella, se drogan con frecuencia, y es muy hábil para manipular a su madre quien, a su vez, se niega a reconocer que la hija anda en malos pasos.

Teresa no fue sincera con su cuñada y cuatro años más tarde, Karen ingresará en un centro de rehabilitación de adicciones.

Algunos padres cuya infancia fue dolorosa, ahora que tienen un hijo se sienten incompetentes y por eso lo abandonan. Sus heridas siguen abiertas y el hijo es un recordatorio constante de ellas. Como un animal herido, que primero tiene que lamer y curar sus heridas antes de hacerse cargo de su cría, el padre, con el afán de protegerse, se distancia del hijo. Mientras no atienda sus problemas emocionales, la única salida será alejarse. Entonces, el hijo crecerá solo y apresuradamente, sin comprender la razón del abandono.

Por desgracia, vemos un ciclo que se repite sin fin: el hijo que crece abandonado no podrá relacionarse sanamente cuando sea padre, a menos que busque ayuda para sanar sus heridas emocionales. De no ser así, al igual que hicieron con él, abandonará o sobreprotegerá a su hijo, invalidándolo a nivel emocional.

Un ejemplo extremo de niños abandonados, son aquellos que crecen en las calles. No tienen tiempo para ser niños, pues cargan, desde temprana edad, con responsabilidades que los obligan a responder como personas mayores. A corta edad se vuelven adultos que habitan cuerpos de niños, pues han perdido la frescura y la inocencia de la niñez. Ante la falta de protección del adulto, se ven forzados a enfrentar solos, un mundo hostil y agresivo y el precio de crecer antes de tiempo, es el endurecimiento. Desarrollan una coraza emocional como protección para sobrevivir.

Afirmaciones para padres que no quieren abandonar

◇ Con amor y gratitud, acepto la responsabilidad como madre/padre de mi hijo (nombre).

◇ Agradezco el privilegio de educar a mi hijo.

❖ Mi hijo es un ser en desarrollo, que necesita de mi guía y protección.

❖ Elijo cuidar y educar a mi hijo con alegría, paciencia y compasión.

❖ Acompaño y guío amorosamente a mi hijo en todas las etapas de su desarrollo.

Hacer de más: sobreproteger

Si los padres que abandonan dejan que el niño conduzca cuando aún no tiene edad, los padres sobreprotectores no ceden jamás el volante. Estos padres, además de querer proteger y cuidar al hijo, pretenden que jamás tenga una experiencia desagradable. Adoptan, entonces, la tarea de controlar sus vidas para asegurarse de que todo siempre esté en orden. Son padres desconfiados y miedosos, que quieren prevenir cualquier situación negativa que pueda afectarlos. Desean vivir a través de ellos y no confían en sus capacidades. Revisemos tres aspectos de esta sobreprotección.

Sobreproteger significa hacer por el hijo aquello que puede hacer por sí mismo a cualquier edad.

Por ejemplo, si la madre da de comer en la boca al niño de 3 años que ya puede comer solo, está sobreprotegiéndolo. Si viste a un niño de 4 años, si peina a la niña de 8 años, si le hace el proyecto al niño de 11 años. El hijo es perfectamente capaz de hacer las tareas antes descritas, pero son los padres quienes lo vuelven inútil y dependiente.

El padre sobreprotector adormece el instinto natural de ser independiente que todo niño tiene. Desde muy pequeño muestra ese instinto, por ejemplo, al interesarse por vestirse solo. Puede invertir 20 minutos para ponerse un zapato, pues no tiene prisa, y esta tarea absorbe toda su atención. Parece decir: "Yo quiero ser grande como tú mamá, para poder hacer todo lo que haces".

Con gran dificultad, Flavio, de 3 años, arrastra una silla, se trepa y abre el cajón para sacar los calcetines. Con mucho esfuerzo se los pone e intenta colocarse los zapatos cuando aparece su madre: "Flavio, ¿qué haces? ¡Válgame Dios, ya tiraste todos los calcetines y te podrías haber caído de esa silla! Y te pusiste los zapatos al revés. La próxima vez, te esperas hasta que yo te vista, ¿me oíste?"

Flavio intentará vestirse solo cada vez que pueda, pero se rendirá ante los regaños de la madre. Aprende a ser un títere que ella arregla a su antojo y ¡a toda velocidad!

La tía Brenda viene de visita 3 años después. Cuando ve la rutina matinal le pregunta: "¿Cómo? ¿A poco todavía vistes a Flavio?" Ante la asombrada mirada de Flavio, su madre contesta: "¡Ay sí, es un flojo, si no lo visto yo, no llegamos al colegio!"

El niño pequeño quiere comer solo. Pero por desgracia, muchas madres prefieren darles de comer en la boca, en honor a la limpieza y la eficiencia. "Si come solo hace unas porquerías que Dios nos ampare, y aparte se tarda años". Pregúntate: "¿Cuál sería la prisa para comer de un infante de 15 meses? ¿Qué podría ser más interesante para él que coger esos pedazos de comida de diversos colores? ¿Imaginas el esfuerzo de coordinación que implica sostenerlos con dedos descoordinados y llevarlos a la boca? Si te pusieras unos instantes en su lugar, no solo le tendrías paciencia ¡sino admiración!

El niño intenta una y otra vez hacer las cosas solo; algunos se defienden de manera muy clara: "No, yo solo, ¡déjame!" Pero las constantes intromisiones y regaños de un adulto minan ese interés natural.

Yo estoy convencida de que no existe un niño que nazca flojo, lo vuelves flojo al debilitar su voluntad. Este es el precio de la sobreprotección: afectas la voluntad incipiente. La voluntad es la fuerza interna que te moviliza, que te lleva a actuar para lograr las metas y manifestar tus deseos. Si debilitas su voluntad, el niño se volverá apático, dependiente y desganado. Se acobardará con facilidad y perderá la confianza. Al no tener la posibilidad de probarse a sí mismo y experimentar el éxito, se apoyará en el adulto para que le resuelva cualquier problema y terminará convenciéndose que le falta valor y aptitudes.

Sobreproteger significa evitarle a tu hijo cualquier incomodidad, molestia, frustración o esfuerzo.

La sobreprotección no se refiere solo a los cuidados personales del niño pequeño.

> Renata va a recoger a su hijo Alberto a la primaria. Lo ve llegar cabizbajo y le pregunta qué le pasa. "Ramiro me dijo *marica*". "¿Ramiro?", contesta la madre, "¿Quién es Ramiro, el de la gorra roja? No te preocupes, en este momento hablo con él". La madre le hace señas a Ramiro para que se acerque y le dice que ya está harta de que moleste a su hijo. Después de regañarlo, lo amenaza y, le dice que si lo vuelve a hacer se las verá con ella. La madre se encamina al coche, sin ver cómo Alberto, muerto de risa, le saca la lengua a Ramiro.

Al intervenir en las relaciones personales de tu hijo, le robas la oportunidad de aprender a relacionarse. Debe aprender que hay situaciones agradables y situaciones difíciles, y que así es la vida. A veces surgen conflictos que deberá resolver.

¿Cuándo y cómo aprenderá a relacionarse si no le das la ocasión para que practique? En lugar de interferir en sus conflictos y problemas habrá que enseñarle a resolverlos solo.

La madre del ejemplo anterior puede empatizar con Alberto y decirle: "Entiendo que te sientas triste, es muy desagradable que te ofendan". Una vez en el coche puede preguntarle: "¿Qué crees que puedas hacer la próxima vez que Ramiro te moleste?" "Pues le puedo pegar hasta sacarle sangre". "Bueno, esa es una posibilidad (no muy buena por cierto, pero no es el momento de decírselo, pues se está desahogando y lo que se busca es abrir la comunicación), ¿y qué más puedes hacer?" "Pues, pues... le puedo decir que no me gusta que me diga esas cosas". "Sí, muy buena idea, ¿qué otra cosa puedes hacer?" "Pues darme la vuelta y no hacerle caso". "Claro, esa es otra buena posibilidad."

Al abrir al niño a muchas posibilidades, lo ayudas a comprender que un problema tiene diversas soluciones. Amplías el horizonte para que desarrolle sus habilidades mentales porque cada situación tiene muchas variables y es única en su complejidad. Entre más soluciones imagine para resolver un problema, mayor será la posibilidad de éxito.

En conclusión, *enseña al hijo a pensar por sí mismo en vez de ¡pensar por él!* Cuán limitante resulta un padre que dice "Hijo, si te pegan, ¡pega!" A la mejor lo más indicado es: "¡Corre, hijo, corre! ¡Está muy grandote!"

Nancy va en tercero de secundaria. Está viendo televisión, cuando llega su madre cargada de bolsas del mercado: "¿Por qué te tardaste tanto en regresar mamá?, ¡tengo que tener lista la maqueta para entregarla mañana!" "Ay perdón hija, ahora mismo te ayudo".

Nancy le explica el proyecto a la madre, pero a la primera oportunidad se escapa a ver el programa de televisión. "Nancy, tráeme el pegamento y otra cartulina". La chica corre a llevarle las cosas, ve complacida cómo avanza su proyecto (gracias a la dedicación de su madre), y se pone a chatear.

Una hora más tarde la madre manda a todos a dormir. "No te preocupes hija, vete a acostar que yo termino en la noche". A la mañana siguiente, Nancy llega orgullosa con su maqueta al colegio segura de obtener la máxima calificación.

Nancy tiene un sentido distorsionado de la realidad. Le parece honesto presentar un trabajo en el que no participó y recibir crédito por ello. Si la madre continúa haciendo su trabajo, Nancy se acostumbrará a ser deshonesta, y la confianza en sus propias habilidades se minará, pues sabe que vive una mentira: aparenta tener capacidad y habilidades que en realidad no posee. Y ¿qué hará cuando no esté la madre?

Esto no significa que jamás puedas ayudar a tu hijo o hacer cosas por él, pero: ¿es la excepción? Si lo haces ocasionalmente, no hay problema, es un regalo que le das. Pero si es la regla, es decir, si el niño espera que tú siempre le ayudes y depende de ti para hacer las cosas, entonces es sobreprotección. Lo dañas al volverlo dependiente e inútil.

Sobreproteger significa rescatar a tu hijo para que no sufra las consecuencias de sus actos.

"Papá, como no terminé mi proyecto a tiempo, la maestra dice que no podré ir a la excursión. ¡Es una maldita!" "No te preocupes hijo mañana hablo con la directora y lo arreglo."

"Olvidé mi lonchera mamá, ¿me la puedes llevar al colegio?"
"Ay hijo, eso significa que tengo que regresar a casa y que llegaré tarde al trabajo... bueno, está bien, pero ¡que sea la última vez que te pase esto!"

"Préstame dinero mamá porque me lo gasté en el videojuego que compré y ya no tengo para mis comidas del colegio". "Todos los meses es lo mismo, nunca te alcanza porque te lo gastas en otras cosas. No aprendes ¡caray! Te voy a prestar pero que sea la última vez, ¿me oyes?"

Cada vez que rescatas a tu hijo evitas que se vuelva responsable. Se queda inmaduro y dependiente.

Te invito a revisar cómo aplicar consecuencias en vez de castigar, para que tu hijo aprenda a responsabilizarse de sus actos.[18]

La sobreprotección puede tener muchas causas, analicemos algunas de ellas.

Causas de la sobreprotección

Confundes sobreproteger con amar

Una madre muy orgullosa me dijo: "A mis hijos les preparé el refrigerio que llevaban al colegio diariamente hasta que salieron de la preparatoria". Lo dice con satisfacción porque está convencida de que ha cumplido con su tarea de madre al cien por ciento.

Estos padres se convierten en sirvientes del hijo y consideran que su tarea es evitarle cualquier molestia o decepción, así

---

[18] Barocio, Rosa, *Disciplina con amor para adolescentes,* Pax, México, 2014.

como defenderlo de cualquier agravio. Su lema es: "Porque quiero a mi hijo, le facilito la vida y le hago absolutamente todo".

Sobreproteges para sentirte importante

Me comentaba una mujer que su esposo había tenido una madre sumamente sobreprotectora.

"Mi marido siempre se lamenta de no haber estudiado una carrera, pues cuando terminó el bachillerato y decidió mudarse a estudiar a una universidad en la ciudad de Monterrey,[19] solo aguantó dos meses. Al primer pretexto se regresó a casa con su madre. Figúrate que mi suegra, en invierno, ¡le planchaba las sábanas de la cama todas las noches para que estuvieran calientes cuando se acostara!"

El amor de esta madre manda el siguiente mensaje:

Al necesitarme, ocupo un lugar en tu vida y eso le da propósito a la mía. Tú eres mi razón de ser, y por eso no quiero que crezcas y te vuelvas independiente. Pienso que si dejas de necesitarme, también dejarás de amarme. Quiero, por lo tanto, seguir creando razones para ser indispensable.

Este tipo de madre piensa seguir atada al hijo para siempre. Me gusta contar, a manera de chiste, el caso de la hija que cuando le avisa a su madre que se va a casar, esta le pregunta: "Perdón hija, ¿con quién dijiste que nos vamos a casar?"

La sobreprotección hace mucho daño, pues asfixia el desarrollo natural del hijo, que crece enclenque y marchito emocionalmente, lleno de inseguridad y miedo. La necesidad enfermiza de los padres obliga al hijo a depender de ellos, so

---

[19] Esta ciudad se encuentra en el estado de Nuevo León, México.

pena de sentirse culpable. Pero un hijo que nunca logra independizarse significa también que permanecerá inmaduro. Porque la realización personal se alcanza al elegir el propio camino en libertad; al tomar decisiones y asumir las consecuencias. Pero un hijo dependiente nunca dará ese paso. Será un parásito sin vida independiente, y jamás conocerá su potencial, ni el valor de la individualidad.

Sobreproteges para controlar

La vida es como el cauce de un río, siempre cambiante. En cierto momento fluye lenta y tranquilamente para convertirse, en otro, en una corriente vertiginosa. La superficie puede ser un espejo apacible que engañosamente oculta las corrientes que arrastran las profundidades. Este río de la vida obliga a adaptarse a su ritmo cambiante y a aceptar lo inesperado. Exige ser flexible y abierto para reconocer que nada es estático, sino que todo está en constante transformación.

La persona controladora se resiste a estos cambios. En vez de eso, busca que sea la vida la que se acomode a sus preferencias. No soporta el caos, ni una situación impredecible, pues teme no ser capaz de responder adecuadamente. Para sentirse segura desea controlar a quienes la rodean, "tener todos los hilos en la mano", y de esa forma, eliminar cualquier molestia, dolor e incomodidad. En el afán por controlar todo incluye al hijo, por supuesto.

"Ese amiguito tuyo no me gusta, es poca cosa para ti, Ezequiel. Tú mereces algo mejor. ¿A qué se dedica su padre? No quiero volver a verlo por aquí, ¿te queda claro?"

El padre controlador quiere decidir quiénes deben ser los amigos del hijo, cómo debe vestirse, cómo debe comportarse, qué debe estudiar y cuáles deben ser sus aficiones. Al hacerlo aniquila su individualidad. Este se convierte en una copia del padre y pierde la oportunidad de forjar una personalidad propia. Si el hijo tiene la fuerza, intentará rebelarse y se alejará, pero si no, terminará conformándose con ser lo que el padre quiere que sea. Por sumisión, crecerá ignorando las oportunidades de desarrollo personal que perdió. El control del padre acabará con el autodescubrimiento del hijo.

Pero a veces la vida responde con reveses. ¿Qué ocurre si una madre se empeña en dirigir la vida de la hija? ¿Cuántas veces la hija hará aquello que más odia la madre? Una conocida mía repetía incesantemente que lo último que quería era tener una hija casada con un divorciado. ¿Con quién se casó la hija? Pues claro, ¡con un divorciado! Lo más temido, muchas veces, se termina atrayendo.

Las personas tienen, de acuerdo con su temperamento, distintas maneras de controlar:

• *El colérico,* su esquema de control es muy obvio, pues lo ejerce a través de la fuerza. Es arrogante y está convencido de que solo él sabe qué conviene al hijo. Se vale del enojo, las amenazas y la intimidación. ¡Pobre del hijo que no obedezca, pagará caras las consecuencias!

"Si no obedeces, ¡ya sabes lo que te espera! ¡¿Quieres que te dé unas nalgadas?!"

Con cara enfurecida dice el padre: "Te estoy viendo, Gustavo, síguele y ¡verás lo que te pasa!"

"Ni sueñes con estudiar filosofía, en mi casa no quiero ni hippies ni muertos de hambre. ¿Me oyes?"

- *El melancólico*, en cambio, es más sutil y resulta más difícil descubrir el modo de control, pues utiliza la manipulación. Con modales muy suaves, y aparentemente inofensivos, se las arregla para conseguir aquello que quiere.

"Lety, tú que eres tan linda, ¿me podrías hacer un favor?", dice con voz melosa la madre...

Conoce también la eficacia de hacerlos sentir culpables.

"Con todo lo que he trabajado hoy, me duele la cabeza. No pensarán irse al cine y dejarme sola, ¿verdad?"

- *El flemático*, por otro lado, en su afán de ser buen padre tiene rutinas inalterables e insiste en hacer todo por ellos.

"Hace mucho frío, hijo, pero no te preocupes, te traje un suéter."

La frustración que enfrentan es aceptar que crecerán y el tener que permitirles ser independientes.

"No es que no confíe en ti, hija, pero es muy peligroso que vayas sola. Mejor que te acompañe tu padre."

- Por último, al *sanguíneo* lo que más le preocupa es la imagen: cómo es percibido por los demás. Insistirá en que el hijo se vista, se peine y se comporte correctamente, pues "¡quién sabe qué dirán los vecinos!" Lo más importante es cuidar las apariencias y "quedar bien".

"Quita esa cara de muerto y sonríe. No olvides saludar a todos tus tíos de beso", le susurra la madre a Antonia, en la entrada al salón, donde se celebrará la boda de la sobrina.

"Greta cámbiate de ropa porque así no te llevo a casa de tus tíos. ¿Qué van a pensar? ¿Que no tenemos dinero para que te vistas mejor?"

Como puedes ver, el control no es una actitud inocente, sino al contrario, es muy destructiva, pues impone arbitrariamente las preferencias de los padres sobre las del hijo. Lo priva de la facultad más importante: el libre albedrío. ¿Qué ser humano se desarrolla plenamente si no tiene la libertad de elegir? ¿Si no toma sus propias decisiones y se responsabiliza de las consecuencias?

Al controlar a un hijo lo condenas a ser permanentemente inmaduro.

Se debe aprender a confiar en uno mismo y enseñar al hijo a que confíe en sí mismo. La vida tiene un sinfín de situaciones impredecibles e imposibles de controlar. Esperar que todo sea como se desea, y que todas las circunstancias siempre sean fáciles y placenteras, es una irrealidad. Pero sí es factible confiar en que desarrollará las habilidades necesarias para afrontar, de la mejor manera posible, los retos que se presenten. Es imposible controlar eventos externos, pero sí es posible aprender a confiar en uno mismo. Entonces enfrentas la vida con seguridad y sin miedo. Si cada nueva situación se aprovecha como una oportunidad para aprender, vivir se convertirá ¡en una aventura!

Afirmaciones para padres controladores

✧ Amo ser flexible y fluyo con la vida.
✧ Confío en la capacidad de mi hijo para aprender y madurar.

Sobreproteges por miedo

Es natural tener todo tipo de miedos con relación al hijo: a que se lastime, a que sufra, a que se enferme, a que fracase, a que sea infeliz. Pero si se les da entrada a que invadan la vida y no sean simple visitas pasajeras, entonces contaminarán el amor que le tienes y caerás en la sobreprotección.

Uno de los miedos más comunes es el miedo a que crezca el hijo y te abandone. Esta tristeza es parte natural del proceso de desprendimiento, de saber que "el nido se quedará vacío". Es el miedo y el dolor ante la pérdida.

Si por un lado, sientes dolor por la separación, por el otro, tiene que estar la alegría y la satisfacción de ver al hijo maduro, seguro e independiente.

Sobreproteges porque te proyectas en el hijo

En algunos padres surge el miedo de que el hijo sufra las mismas desgracias que ellos padecieron. Proyectan, entonces, sus problemas sobre el hijo y se esfuerzan por evitarle sufrimientos similares.

"Cuando yo tenía 15 años fui a una fiesta y un muchacho ebrio abusó de mí. No quiero que mi hija corra la misma suerte. Aunque ya tenga 20 años, jamás dejo que salga sola. Lo hago por su propio bien. Más vale prevenir que lamentar."

En otra situación, una madre que se embarazó de adolescente, ahora le inculca a la hija "que todos los hombres son abusivos". No la deja tener novio y la cela. Para desgracia de la hija, si crece con esa creencia, todos los hombres que atraiga se aprovecharán de ella, y así, corresponderán a sus expectativas.

Desafortunadamente, cuando proyectas tus temores sobre el hijo le arruinas la vida. Imaginas peligros absurdos y lo defiendes de monstruos inexistentes. En nombre del amor que le tienes, no le permites vivir su propia vida. Crece atemorizado, a veces sin saber por qué.

Los padres que proyectan sus miedos, pierden el equilibrio al educar. Así, el padre que sufrió carencias económicas en su infancia, ahora le da en exceso al hijo. El que tuvo padres autoritarios, ahora educa al hijo en total libertinaje. La que creció abandonada, no se separa jamás del hijo. Oscilan, sin darse cuenta, de un extremo al otro. El padre satisface su carencia, pero al hacerlo, sacrifica al hijo.

Afirmaciones para padres temerosos

✧ Mis miedos no le pertenecen a mi hijo. Solo yo soy responsable de mis emociones.

✧ Me sobrepongo al miedo para guiar a mi hijo con confianza.

Sobreproteges por falta de confianza en tu hijo

Me comentó una vez una madre de un niño de 8 años:

"Es que si lo dejo que se bañe solo se baña a su manera". Le tuve que contestar: "¿Y a la manera de quién se baña usted?"

La arrogancia te hace pensar que solo tú sabes hacer bien las cosas. El niño requiere ensayar para alcanzar la maestría. Niño que no aprende se vuelve inútil y dependiente. Niño inútil y dependiente es un niño incapacitado frente a la vida.

Como maestra he tenido la oportunidad de enseñar a niños muy pequeños, de 3 y 4 años, a vestirse y hacer tareas domésticas: a poner la mesa, a recoger y limpiar, a pelar y cortar verduras y fruta, a servir, etc. Al invitar a los padres quedaban sorprendidos de las habilidades de su hijo, sin comprender la inutilidad mostrada en casa. Les preguntaba: "¿Le das la oportunidad de que haga las cosas? ¿Le tienes paciencia?" Me contestaban apenados que no.

Sobreprotección y el niño con discapacidad

Con el niño con discapacidad, sobreproteger puede ser una gran tentación. Si despierta el sentimiento de lástima, harás todo para facilitarle las cosas. Creerás, de manera equivocada, que si evitas que se moleste le haces un favor, y que puedes compensar su dificultad con tu dedicación y ayuda. ¡Nada está más lejos de la realidad!

El niño necesita que lo alientes para que haga su mejor y mayor esfuerzo para vencer sus limitaciones, y así desarrollar sus potencialidades al máximo. El peor enemigo es la sobreprotección, que no solo acentúa la limitación física o mental, sino que lo invalida emocionalmente.

Así, cuando resuelves sus problemas y le facilitas el trabajo, refuerzas su ineptitud y su dependencia. Justificas su flojera y falta de iniciativa. Si sientes lástima por él, sentirá lástima por sí mismo y lo convertirás en un verdadero desvalido.

El adulto que convive con personas con discapacidad debe sobreponerse a la culpa simbiótica que le susurra al oído: "¿Por qué es él el desafortunado y no tú?" o "Ayúdalo, tú que puedes, y te sentirás mejor". La culpa te tiende una trampa con la promesa de que si le haces caso te dejará en paz. Los familiares sobreprotectores deben saber que el precio de aliviar su incomodidad equivale a invalidar al otro. A la persona con discapacidad le estorba la lástima porque debilita, encoge y detiene. En cambio, la compasión da calor al alma y evoca la empatía, el amor y el cuidado. Brinda la confianza que da fuerza al espíritu, y la aceptación, que da seguridad a la persona. Así podrá conquistar alturas nunca imaginadas.

Un claro ejemplo es el nadador campeón olímpico Juan Ignacio Reyes, que a la edad de 5 años perdió ambos brazos y la pierna izquierda, por un ataque de púrpura fulminante, aunado a rubéola y escarlatina.

De Socorro González, madre de Juan Ignacio, escuché la siguiente anécdota en una conferencia:

A Juan Ignacio le gustaba en las mañanas sacar todos los juguetes. Cuando terminaba, era su hermana la que los recogía y guardaba. Un día mi hija reclamó: "¿por qué Juan Ignacio puede sacar los juguetes pero no los puede guardar?" Ese comentario me hizo reflexionar. Al día siguiente, antes de que Juan Ignacio comenzara a jugar, le advertí: "Si sacas los juguetes también los guardas".

La madre de Juan Ignacio tomó la determinación de no sobreprotegerlo, sino animarlo para valerse por sí mismo, y ver sus limitaciones como motivos para desarrollar una disciplina férrea.

En una entrevista al periódico Excélsior de México, Juan Ignacio comentó a Adolfo Cortés:

"La vida simplemente me dio otra oportunidad y creo que no la he desaprovechado. La lección más grande que he aprendido es que cada quién se pone sus propios límites físicos y mentales."

"...Nunca fui una persona discapacitada en mi hogar y eso con el tiempo ha sido lo más importante."[20]

Aprovecho para compartir otro ejemplo:

Cuando estudiaba para Guía Montessori, una de mis compañeras tenía una hija pequeña con acondroplasia (enanismo). Con respecto a la elección de escuela se vieron en la disyuntiva de elegir, entre una pequeña donde estaría muy cuidada, o un colegio grande e impersonal.

Muchas personas les recomendaron la primera opción, pero ellos optaron por la segunda. La madre nos explicó:

"Tendrá que enfrentarse al mundo y saber valerse por sí misma. Le será difícil al principio, pero deberá aprender a aceptar su situación". Esta decisión requirió de mucho valor. Los padres mantuvieron la visión a largo plazo, con el objeto de integrarla a la sociedad de manera natural. Actualmente, esta chica está casada, es licenciada en comunicación, y trabaja en uno de los museos más prestigiosos de la Ciudad de México.

Para concluir: la sobreprotección surge del amor que le tienes al hijo, pero es un amor contaminado de miedo, control, arrogancia y desconfianza. Ese amor, al igual que si bebieras agua sucia, hace más mal que bien.

---

[20] Selección de artículos en internet del 17 al 24 de noviembre del 2000, tomado de la página de sociales del periódico Excélsior.

Depurar tu amor significa reconocer las limitaciones personales y estar atento para no heredar frustración, resentimiento y miedo, a la siguiente generación. Tienes la obligación de romper esa cadena, hasta ahora inalterable, que te ha unido generación, tras generación, para transformar el futuro de tu hijo.

Un paciente va a ver al médico. Después de revisarlo le dice: "Usted tiene una enfermedad hereditaria". El paciente se queda pensando un momento y luego le dice: "Bueno, pues ahora mismo le doy la dirección para que le pase la cuenta a mis padres".

Y tú, ¿qué tanto sobreproteges a tu hijo?

Resulta fácil ver la paja en el ojo ajeno, pero es más difícil encontrarla en el propio. Las siguientes listas pueden ayudarte a revisar y distinguir con mayor claridad las actitudes de sobreprotección.

Actitudes del niño sobreprotegido

¿Tu hijo presenta alguno de estos comportamientos?

- Está acostumbrado a que le hagan las cosas y le sirvan.
- Nunca se ofrece a ayudar, no es servicial.
- Es miedoso e inseguro.
- Se queja constantemente de que lo molestan los demás.
- Pide las cosas lloriqueando.
- Es inútil, flojo y caprichoso.
- Tiene dificultad para relacionarse y se queja de que lo excluyen.
- Es demandante, exigente y egoísta.

Actitudes del padre/madre sobreprotector

¿Realizas alguna de estas acciones?

- Le haces la tarea y los proyectos del colegio.
- Intervienes para defenderlo cuando lo molestan.
- Cuando te pide las cosas lloriqueando te apresuras a solucionar el problema.
- Revisas todo lo que hace. Siempre encuentras algo que corregir.
- Contestas por él.
- Escuchas sus conversaciones y esculcas sus cosas.
- Le "adivinas el pensamiento".
- Estás ansiosa y preocupada al estar lejos de él.
- Tu hijo es el único interés en tu vida.
- Seleccionas sus amistades.
- Ignoras, tapas o justificas sus errores.
- Te molesta que otros adultos lo corrijan.
- Lo defiendes frente a sus maestros.
- Te esfuerzas para que parezca perfecto.
- Manipulas para que haga lo que tú quieres.

Aunque a nivel consciente niegues tener creencias equivocadas, eso no significa que no estén arraigadas a nivel subconsciente.

Revisa cuidadosamente si te identificas con algunas de las siguientes frases:

- Mi hijo solo puede hacer las cosas bien, si yo le ayudo.
- El mundo es un lugar peligroso y solo está seguro conmigo.
- Solo yo sé hacer las cosas bien.
- Mi familia y mi hijo tienen que ser perfectos.

- Es mi tarea asegurarme de que todo siempre esté en orden.
- Siempre le seré indispensable a mi hijo.
- Siempre será mi "pequeño".
- Mi hijo no es digno de confianza.
- Amar significa hacerle y complacerlo en todo.
- Si cumplo todos sus caprichos será feliz.
- Mi hijo es la razón de existir.
- Mi hijo siempre debe estar contento.
- Es mi responsabilidad evitarle cualquier sufrimiento.
- Debo ser la madre/padre perfecto.
- Debo sacrificarme para ser una buena madre/padre.
- Yo soy responsable de los errores de mi hijo.

Recuerda que...

Sobreproteges cuando:

- Haces por tu hijo lo que él ya puede hacer por sí mismo.
- Tratas de evitarle toda molestia, frustración y esfuerzo.
- Lo rescatas de asumir las consecuencias de sus actos.

Y la causa de esto es que:

- Confundes sobreproteger con amar.
- Te da importancia y una razón de ser.
- Te permite controlar.
- Tienes miedo.
- Te proyectas en el hijo.
- Te falta confianza en tu hijo.

Y la sobreprotección puede:

- Afectar la voluntad del niño volviéndolo inútil, dependiente y flojo.
- Lastimar su autoestima, y lo hace inseguro, cobarde y miedoso.
- Dañar su proceso de maduración y lo incapacita para la vida.

Las siguientes afirmaciones pueden ayudar a transformar las actitudes de sobreprotección.

Afirmaciones para padres sobreprotectores

✧ Aliento a mi hijo para crecer seguro e independiente.
✧ Acepto los errores de mi hijo como medios de aprendizaje.
✧ Me sobrepongo a mis miedos para permitirle crecer en libertad.
✧ Celebro la libertad de mi hijo para avanzar en la vida.

Preguntas para reflexionar

En tu familia de origen

○ ¿Tus padres te sobreprotegieron o te abandonaron?
○ ¿Te habría gustado que tus padres estuvieran más presentes? ¿Te sentías sola? ¿Pensabas que no les importabas?
○ ¿En qué situaciones hubieses deseado tener más libertad?
○ ¿Confiaban en ti? ¿Te celaban o controlaban?
○ Cuando dejaste su hogar, ¿te hicieron sentir culpable?
○ ¿Siguen interviniendo tus padres en tu vida?

En tu familia actual

✦ ¿La edad física de tu hijo corresponde a su edad emocional? ¿Lo tratas de acuerdo con su edad? ¿Tiene las habilidades de otros niños de la misma edad?

✦ ¿Qué miedos tienes en relación con tu hijo? ¿Dejas que el miedo controle tus decisiones?

✦ ¿Amenaza tu hijo con dejar de quererte? ¿Temes perder su amor y por eso no pones límites?

✦ Cuando ya no le hagas falta, ¿perderás la razón de existir?

✦ A pesar de ser flojo e inútil ¿no puedes evitar ayudarlo? ¿Siempre lo rescatas?

✦ ¿Tu hijo se queja de que lo controlas?

✦ ¿Dudas de su capacidad y no confías en las decisiones que toma?

✦ ¿Interfieres en sus asuntos?

✦ ¿Lo defiendes cuando alguien lo molesta?

capítulo 10

HABILITA, ALIENTA Y CONFÍA

Empezaré por ofrecer un consejo práctico. Cuando tu hijo pida que hagas algo por él, contesta estas tres preguntas:

1. ¿A quién le corresponde hacerlo?, ¿a él o a mí?
2. ¿Puede hacerlo por sí mismo?
3. ¿Es una excepción que le ayude o es la regla?

Si a él le corresponde hacerlo, si es capaz de realizarlo por sí mismo y ya es rutinario que lo ayudes... ¡cuidado! Sigue estos pasos:

- Detente y dile: "Hijo, estoy segura de que puedes hacerlo solo".
- No te sientas culpable ni caigas ante súplicas y ruegos. Recuerda: ¡te está tomando el pelo!
- Mantente firme, y poco a poco notarás que dejará de depender de ti. Tal vez al principio ofrezca resistencia, pero después se sentirá orgulloso de valerse por sí mismo.

Como apoyo repite interiormente:

Estoy haciendo lo correcto. Yo soy el adulto en esta situación y me corresponde decidir qué le conviene. Me sostengo en mi decisión.

Y si tu hijo contesta: "Pero es que ¡no puedo!", responde: "Claro que puedes, te voy a ayudar para que puedas". Ofrece solo la ayuda necesaria para que pueda valerse por sí mismo.

Porque este es el secreto: *no dar ni más ni menos ayuda de la que necesita.* Para eso es necesario observar. Algunos ejemplos:

- Si un niño pequeño no puede abotonarse, sostengo la camisa y él jala el botón. Así experimenta el éxito: "Me ayudaron, pero pude lograrlo. Me siento bien conmigo mismo".

- Al niño que es un poco más grande, pero tímido, puedes decirle: "Yo te acompaño, pero tú le pides a la de la tienda lo que necesitas". Quizá quiera ensayar qué decir, pero aunque te ruegue, no lo hagas por él.

- Al adolescente que tiene miedo de manejar: "Te avisaré cuando tengas que hacer los cambios de velocidad y te ayudaré a estacionarlo".

En pocas palabras, desarrollar ese sexto sentido para saber cuándo y cuánto apoyar. Si das de más, sobreproteges; si das de menos, abandonas. Al lograr el equilibrio el hijo se sentirá respaldado, y tendrá la satisfacción de lograr lo que se propuso.

¡Yo solito!

Tómate el tiempo

Muchos padres se quejan de la monserga de tener que hacer todo por su hijo, pero no están dispuestos a ayudarlo para volverse independiente.

Invierte tiempo en enseñarle habilidades que lo harán independiente; es una inversión a largo plazo. Si le dedicas tiempo de calidad, para enseñarle, por ejemplo, a amarrar los zapatos, pronto lo hará solo. Él estará orgulloso, y tú, liberada. ¡Matas dos pájaros de un tiro!

En lugar de hablar, actúa

El niño nace con el impulso natural de querer ser independiente, por eso imita de manera inconsciente al adulto. Dice sin palabras: "Yo quiero ser como tú mamá, quiero poder ser grande y valerme por mí mismo". *Mediante esta imitación es que aprende las habilidades básicas en la búsqueda por convertirse en persona.*

Si la madre barre, él quiere barrer. Si lee, él quiere leer. Si habla por teléfono, él quiere hablar por teléfono. Es maravilloso ver cómo el niño copia cada actitud, movimiento, gesto e incluso tono de voz de los adultos que lo rodean.

Celina, de 4 años, arrastra a su muñeca de trapo a la recámara. "¡Fea, fea!", le dice mientras le da varias nalgadas. Toma una silla y la pone en el rincón. "¡Ahí te quedas castigada! Y ¡ay de ti donde te pares!", le grita con el ceño fruncido mientras cierra la puerta del cuarto.

Es fácil darse cuenta de que la madre castiga a Celina ¡de igual manera! El niño observa, aprende y repite, sin hacer juicio ni discernimiento, todo es digno de imitación. De ahí la gran responsabilidad del adulto al estar frente al niño pequeño.

Recuerdo que la madre de una de mis alumnas me decía: "Yo no tengo que preguntarte qué pasó hoy en el salón, solo tengo que ver cómo juega Paulina a la escuelita en la tarde, y sé todo lo que ocurrió en la mañana. Habla tan parecido a ti que a veces pienso que llegaste de improviso".

Esta etapa de imitación es más marcada en el niño pequeño, pero se extiende hasta los 9 años. Hay que aprovechar este periodo de interés entusiasta por aprender para enseñarle muchas habilidades. Basta ver la satisfacción de un niño cuando alcanza un logro.

En conclusión: el niño pequeño se apoya más en observar los movimientos que en escuchar explicaciones. En vez de hablar, actúa, poniendo toda tu atención en lo que haces. Puedes dar explicaciones sencillas, pero nunca expliques solo verbalmente. El niño necesita ver, una y otra vez, cómo haces las cosas para desarrollar habilidades.

Enseña el proceso completo

Así que si quieres enseñarle a limpiar, empieza mostrándole dónde guardas los trapos, moja el trapo y enséñele cómo se exprime. Limpia con movimientos lentos y rítmicos, enjuaga, exprime y tiende el trapo a secar. Cada actividad tendrás que mostrársela paso a paso, como un proceso integral, desde el principio hasta su conclusión. De esa forma, cuando le pidas que limpie, sabrá qué hacer.

Si vas a enseñarle a freír un huevo, comienza desde enseñarle dónde se encuentra la sartén, y termina mostrándole cómo guardar y dejar los utensilios limpios. Cocinar un huevo no es nada más freírlo, implica también dejar la cocina aseada.

Haz las cosas despacio

Cuando le enseñes a hacer una actividad hazlo muy lentamente para que pueda apreciar cada movimiento. Si le das tiempo, el niño aprenderá gustoso a realizar las cosas; pero si lo apresuras, lo estresarás y terminará enojado. Deberás ver a través de los ojos de un niño. Imagina que describes verbalmente cómo abotonar una camisa a un invidente. Comprenderás que es una tarea más difícil de lo que originalmente pensaste. Tú lo haces sin pensar, pues lo has repetido infinidad de veces, pero para un niño implica dominar y refinar movimientos manuales muy complejos.

Otro ejercicio, para comprender esa complejidad que vive el niño, es intentar abrir un cajón con una llave o doblar una pila de ropa, con guantes de jardín. Frustrante, ¿verdad? Así se siente el niño que aún es descoordinado y no controla sus manos. ¿Ahora entiendes por qué se molesta si eres exigente con él?

Tenle a tu hijo la misma paciencia que le tendrías a un amigo que aprecias o a un empleado que respetas.

Supervisa

El niño, como cualquier persona, necesita ensayar una y otra vez.

Habrá invitados a comer y Nayeli de 5 años se ofreció para servir los vasos de agua. Nayeli levanta la jarra con dificultad, pero al tratar de vaciar el agua en el primer vaso, se voltea y el agua cae al piso. La madre quiere acercarse, pero decide no hacerlo. Nayeli recoge el vaso y va por un trapo para limpiar el agua. Los demás vasos los sirve sin problema. Una vez colocados en la mesa, Nayeli suspira satisfecha.

Supervisar significa que lo observas de reojo y guardas silencio. Solo intervendrás si fuera verdaderamente indispensable. Habrá que tener paciencia y corregir lo mínimo para no desanimar.

Fausto aprende a manejar. Su padre le muestra cómo ajustar los espejos y arrancar el motor. Ahora le pide que se siente en el lugar del conductor. Fausto trata de prender el auto pero acelera demasiado. El padre, desesperado, le grita: "Hazlo como te enseñé ¡no aceleres de esa manera!"

Quizá una de las habilidades más difíciles de enseñar a un hijo es la de conducir un automóvil. Es casi inevitable que ambos terminen descontentos. La paciencia que a veces se tiene con el niño pequeño, está ausente para el adolescente. Ha crecido y no entiendes por qué sigue inmaduro. Olvidas que es una etapa de transformación profunda, en donde el desarrollo es disparejo. A veces el crecimiento físico se adelanta y el emocional tarda más en desarrollarse. Es decir, es inmaduro emocionalmente, aunque físicamente parezca un adulto.

El adolescente ya sigue fácilmente indicaciones verbales, pero deberás tener la misma paciencia que a un pequeño:

Cuando supervises, recuerda:

- Está aprendiendo y se vale equivocarse.
- Tenle paciencia.
- La perfección no existe.
- Lo importante es el proceso, no el resultado.

Alienta y apoya emocionalmente a tu hijo

Muchos padres son excelentes para enseñar al niño, pero olvidan dar el último paso: reconocer sus logros por pequeños que sean. *La tarea más importante de cualquier educador, es alentar.*

Alentar signfica:

- Acompañar al niño en el proceso de crecimiento y dar el incentivo que necesita.
- Si se equivoca, sostenerlo emocionalmente para que no se desanime.
- Reconocer su esfuerzo, independientemente del resultado.

El adulto necesita estar presente para que, en vez de regañarlo, le dé un aliciente. Al niño que tira el agua cuando trata de servir un vaso necesita decirle: "No importa, vuelve a tratar. Yo te sostengo el vaso y tú sirves el agua. Ya verás cómo lo haces mejor".

Iris de 12 años regresa llorando a casa. "¡Estuve horrible! Me equivoqué tres veces cuando me tocó decir mi parte en la obra de teatro. ¡Los niños se rieron de mí!" El padre se acerca y la abraza. "Es la primera vez que tienes que hablar frente a tantas personas y te tocó una parte muy larga. ¡Creo que yo me hubiera equivocado más veces!" Ya más tranquila, le dice: "¿Quieres que te ayude a ensayar? Te aseguro que así mañana te irá mucho mejor".

Esta chica inicia la pubertad y se siente insegura. ¡Cuánto se asemeja a un infante! Si bien el adolescente ha subido un escalón, aún se siente frágil y desprotegido como un niño pequeño. Está entrando al mundo del adulto sin saber qué se espera de él. La seguridad aparente es una máscara que lo protege de la vulnerabilidad. Necesita ser alentado para aprender, que equivocarse, es parte de la vida y una vía de aprendizaje.

Reconoce sus logros

Juan, de 4 años, acomoda sus juguetes sobre el estante. Coloca un camión pesado de metal en la tabla más alta, pero se cae junto con otros juguetes. La madre escucha el golpe, se voltea, pero no interviene. Juan, molesto, recoge los juguetes y empieza a acomodarlos, pero esta vez coloca el camión en la tabla inferior. Voltea a ver a su madre con obvia satisfacción. La madre se acerca y le dice sonriente: "Qué bien te quedaron los juguetes y encontraste el mejor lugar para el camión".

Al reconocer su esfuerzo, lo animas a seguir intentando. Si no lo haces, le dejas un vacío emocional. Necesita reafirmar el éxito y es en ti que encuentra ese incentivo.

Irene de 16 años ha pasado la mañana arreglando su cuarto. Arrastra dos bolsas llenas de basura y le dice a su tía: "¿Puedes creer tía que había toda esa basura en mi cuarto?" La tía se muerde los labios y solo piensa: "Sí, lo que me sorprende es que no hubiera más". Dos horas después la chica la invita a ver su obra maestra. "¡Vaya, qué cambio! Me encanta cómo colocaste esos caracoles y conchas que trajiste de Acapulco, Irene".

La etapa de la adolescencia es difícil. El joven, aunque aparenta ser autosuficiente, aún necesita de tu apoyo. El sincero reconocimiento fortalece la confianza en sí mismo. Para más ayudas consulta mi libro *Disciplina con amor para adolescentes*.[21]

---

[21] Barocio, Rosa, *Disciplina con amor para adolescentes,* Pax, México, 2014.

Pero ¡cuidado! Que no se te pase la mano.

La madre de Nicolás tomó un curso para padres en donde recalcaron la importancia de reconocer los logros del niño. Nicolás, de 3 años, sale del colegio y corre con un dibujo en la mano. "Nicolás, ¡qué increíble dibujo! ¡Seguro eres el mejor dibujante de toda la escuela! ¡Mira qué elefante tan hermoso! ¡Y no se digan las flores! ¡Mamá está tan orgullosa de ti!", le dice la madre dándole un beso. Suben a la camioneta. "Veo que ya puedes subirte solo, qué bueno que ya eres un niño grandote". Se sienta: "Qué bien recordaste cómo ajustar el cinturón de seguridad, estoy muy satisfecha contigo". Al llegar a casa, mamá le muestra el dibujo al padre: "¿No te parece increíble? Felicítalo, lo hizo él solito. Lo vamos a colgar en la pared de su cuarto". Al encaminarse al comedor: "Veo que te lavaste las manos solo como niño mayor. Me da mucho gusto… Qué bien estás comiendo…"

Esta madre bien intencionada cree que debe reconocer cada nimiedad que el niño hace. Al hacerlo pierde naturalidad y lo acostumbra a recibir atención constante. Corre el peligro de volverse dependiente de esos comentarios; cuando no los reciba, sentirá que no se le toma en cuenta y se sentirá defraudado. Es necesario *dar reconocimiento solo cuando realmente se ha esforzado.*

Dar reconocimiento no es alabar

Alabar es caer en la exageración y deja de ser sincero. Los halagos conllevan una actitud melosa que empalaga y sabe a hipocresía. El niño pequeño no se da cuenta, pero al niño mayor y al adolescente les fastidia. Y si están con sus amigos, no solo desconfían de tus halagos, sino que se avergüenzan francamente de ti.

El padre recoge a su hijo Ricardo de 5 años al final del partido de fútbol. Con los brazos abiertos le grita a su hijo: "¡Venga acá, quién es mi campeón, sí mi campeón!" Sonriendo y encantado el niño corre a sus brazos.

Cuatro años después, el padre espera a Ricardo a la salida del partido. "¿Cómo estás campeón?" "Ya te he dicho que no me digas así!", responde molesto mientras, de reojo, trata de ver si sus amigos lo escucharon.

¿Cómo debe ser ese reconocimiento y por qué es importante? El reconocimiento debe ser sencillo, espontáneo y natural:

- "Muchas gracias por ayudar a bajar las bolsas del mercado."

- "Qué bueno que te aceptaron en el equipo de beisbol. Entrenaste muchísimo y te lo mereces."

- "Valió la pena el tiempo que le dedicaste a arreglar tu clóset. ¡Parece otro!"

- "Quedó muy bien puesta la mesa, hijo."

A la larga, el niño aprenderá a darse reconocimiento a sí mismo. Será un proceso de muchos años y habrá que ser paciente.

El reconocimiento permite al niño disfrutar el éxito

Hay quienes piensan equivocadamente que el reconocimiento volverá conformista al hijo y, por lo tanto, dejará de esforzarse. El padre niega ese reconocimiento cuando logra algo importante porque piensa que se "dormirá en sus laureles". Justifica su actitud diciendo que si no lo reconoce, se motivará para esforzarse cada vez más.

La actitud del padre conlleva orgullo mal entendido y compite contra el hijo. Como el avaro que no quiere compartir su riqueza, el padre se niega a darle al hijo algo que para él es vital: su aprobación.

"¡Papá, papá! ¡Pasé matemáticas, pasé matemáticas!", grita Agustín al regreso del colegio. El padre toma el examen, lo observa, y sin emoción alguna le dice: "Para estar tan feliz por lo menos te hubieras sacado un ocho". La emoción de Agustín se transforma en desilusión.

Me gusta decir, como broma, que si Agustín logra sacar el ocho de calificación que pide el padre, le exigirá el 10. Y si consigue el 10, le dirá: "Y la beca hijo, ¿dónde está?" Haga lo que haga este niño, el padre nunca va a estar satisfecho. Su aprobación es inalcanzable, una ilusión que nunca llegará. Este padre lo dejará con un hueco, un vacío a nivel emocional. El niño necesita saber que va por buen camino, que el padre lo quiere y está orgulloso de él. El reconocimiento es como la brújula que guía sus esfuerzos en la dirección correcta.

Al no reconocer al hijo, lo dejas con hambre, hambre de padre, hambre de madre. Hambre de escuchar: "Hijo, estoy orgulloso de ti, no necesitas hacer nada para ganarte mi amor. Para mí, tú eres importante y valioso".

Emilio Vázquez planea festejar en familia su ascenso como director del banco donde trabaja desde hace 10 años. Hace una cita con su padre y selecciona uno de sus mejores trajes para darle personalmente la noticia. El padre lo recibe ceremoniosamente en su despacho, pero en vez de felicitarlo, solo le pregunta con aire casual: "Es un banco local, ¿verdad?"

El padre no puede darle a Emilio el reconocimiento que aún a los 40 años de edad, le hace falta. A pesar de ser todo un ejecutivo, sigue con el mismo hueco emocional que nunca satisfizo desde su infancia, y reconfirma lo que siempre ha sabido: haga lo que haga, nunca será suficiente para su padre.

Cuántas personas buscan a través del éxito, cubrir esta necesidad insatisfecha. Quién no cambiaría los aplausos de desconocidos por escuchar: "Hijo, estoy orgulloso de ti". Frase corta y sencilla, pero que se quedó sin enunciar. Al reconocer el padre al hijo, le da una probada de éxito, y le enseña a disfrutarlo. Así, cuando crece, sus logros irán siempre asociados a ese delicioso sabor que tiene la satisfacción de conseguir lo que se propone. ¡Reconócelo cuando le va bien!

Siembra la semilla de la confianza en sí mismo

Confiar es una palabra corta y sencilla, pero difícil de poner a veces en práctica. Hay personas que "desconfían hasta de su sombra". Estas personas viven cuidándose las espaldas y creen que el mundo es malo. Piensan que todos quieren aprovecharse de ellos, o por lo menos, sacarles ventaja de alguna manera. El problema es que siempre vivirán en estado de alerta, esperando lo peor.

La desconfianza bien puede ser resultado de heridas pasadas que los afectaron y los marcaron. Pero en relación con el niño, la pregunta pertinente sería ¿cómo le afecta al niño vivir en un ambiente de desconfianza? ¿Qué es la confianza?

El niño nace sin confianza en sí mismo. Tendrá que desarrollarla, como muchas otras facultades. *Son los padres y adultos que lo educan, quienes siembran esa semilla de confianza.* El niño considera a sus padres como "dioses", que todo lo saben y todo lo pueden. Entonces, de manera inconsciente, concluye: "Si mis padres, que son todopoderosos, confían en mí, yo debo ser digno de confianza". El papel de los padres, por tanto, es primordial, pues de ellos dependerá que la autoconfianza germine o muera.

Pero ¿por qué es importante que el niño tenga confianza en sí mismo? Porque la autoconfianza es la fuerza que le permitirá estar bien plantado en la vida, que lo levantará en momentos difíciles y lo empujará a volver a intentar. Lo sostendrá en momentos de desaliento o fracaso. Gracias a la confianza en sí mismo insistirá cuando le nieguen lo que quiere o le cierren la puerta. Es el ancla que detiene al barco cuando sube y baja la marea. Por esta confianza se atreverá a soñar, a buscar oportunidades, a tener aspiraciones. También le dará la calma y la paciencia para esperar y recibir lo que merece.

La autoconfianza se alimenta de ser consciente de la valía y el merecimiento. Porque si sabes que vales como persona, serás capaz de merecer. ¿Qué mereces? Lo mejor de la vida: amor, alegría, abundancia, felicidad. Cuando el mensaje que envías a la vida es lleno de confianza, la vida te corresponderá y te lo otorgará. Así crearás una realidad muy hermosa, por cierto.

Algunas personas creen que no valen y que, por tanto, tampoco merecen. Esa falta de valoración es resultado directo de su educación. Si fueron desalentados a través de humillaciones, sobreprotección, críticas o expectativas cerradas, su autoestima no se desarrolló y crecieron pensando que valían poco. Esto se reflejó en lo que creyeron merecer: tristeza, sufrimiento, dolor, y escasez.

La confianza es pariente de la valentía. Si sobreproteges a tu hijo, en lugar de aprender a defenderse, lo volverás débil y cobarde. Vivimos una época de grandes retos, entonces, ¿cómo capacitarlo para sobreponerse a las dificultades? Si la sobreprotección lo debilita, la confianza lo fortalece. Cuando confías en tu hijo le das permiso para que él confíe en sí mismo. Le dices sin palabras: "Yo sé que tienes todo el potencial para salir adelante". Esta confianza le inyectará el valor para mirar de frente y sostenerse con determinación. En cambio, una persona sin valentía es tímida y camina a la sombra de los demás. Transita solo por el camino seguro, pues teme adentrarse por veredas desconocidas. Es una persona que quiere, pero no puede, que sueña pero no alcanza, que se agacha y termina por conformarse. Al final de sus días tendrá que reprocharse por todas las oportunidades que la vida generosamente puso a su alcance, pero que no se atrevió a tomar. ¿Acaso quieres esto para tu hijo?

Ideas equivocadas sobre la confianza

Solo confío en ti si eres perfecto

Una persona que exige de su pareja la perfección para que sea digna de confianza, pasará de una desilusión a la siguiente. Cada nuevo candidato se quedará corto. Si para confiar en otro necesita ser perfecto, nadie será digno de su confianza. Se impone una condición imposible, y cada experiencia la llevará a corroborar que todos los seres humanos son indignos. Así terminará amargada porque pide algo imposible.

De igual manera, cuando un padre le dice al hijo: "Ya te perdí la confianza", probablemente está pidiendo que sea perfecto. En el momento en que el hijo se equivoque, el padre se sentirá defraudado y le retirará la confianza. Decir esto a un hijo es darle una estocada. Es quitarle un sostén muy importante, y dejarlo tambaleante, porque piensa: "Si mi padre, que es lo más importante, no me tiene confianza, seguramente es porque no soy digno de ella". Así matará el germen de autoconfianza. Después, no podrá sorprenderse si empeora su comportamiento, pues solo estará correspondiendo a sus expectativas: espera lo peor y recibirá lo peor. La confianza en el hijo va ligada al amor y al reconocimiento de su valía. Tienes confianza porque ves a futuro aquello que podrá alcanzar, mientras aceptas en dónde se encuentra hoy. La gran paradoja cuando educas es: *apreciar las limitaciones del hijo mientras vislumbras su potencial.* Tu confianza lo sostiene para que trascienda y permitirá, que con el tiempo, desarrolle ese potencial.

Lorena se gradúa de sexto año de primaria y ha sido elegida para dar el discurso final. Su madre, algo nerviosa, le comenta a su hermana: "No entiendo, apenas el año pasado tenía malas calificaciones y me decían que era una floja, y este año tiene el primer lugar. No comprendo cómo ocurrió el cambio".

Muy sencillo. La maestra de sexto grado tuvo confianza en ella. La alentó y así mostró sus mejores cualidades.

La confianza es el fertilizante que provoca la floración del ser. Al confiar, le aseguras que es capaz de alcanzar aquello que parece imposible. La sostienes para que se atreva y aspire a ser más.

¡Te voy a perder la confianza!

Los padres que amenazan con perderle la confianza al hijo juegan con fuego. Se aprovechan de la impotencia del hijo ante el miedo de perder algo que le resulta vital. Perderle la confianza significa invalidarlo, que lo despojan de su dignidad. La frase "no confío en ti" no debería jamás salir de la boca de ningún padre o madre. Puedes llamarle la atención, hacerle saber que no apruebas cierto comportamiento y permitir que sufra las consecuencias, pero sin dejar de quererlo. Tienes que confiar en que va a hacer una mejor elección la próxima vez. ¡Tu confianza sustenta sus esfuerzos futuros!

Te tengo una confianza ciega

El niño pequeño confía en todo y en todos los que lo rodean, aún no sabe distinguir y darse cuenta cuando alguien le miente o lo engaña. Está totalmente abierto al mundo y tiene "confianza ciega". Conforme crece, va dándose cuenta de que no todas las personas merecen su confianza y empieza a desarrollar la capacidad de discernimiento.

Nuevamente revisemos las dos polaridades: la persona que desconfía de todos, "piensa mal y acertarás"; y la que es inmadura y confía ciegamente en todos. Esta última no entiende por qué no todas las personas son dignas de su confianza. Necesita aprender a discernir quiénes sí la merecen, y quiénes no. De otra manera, dejará la puerta de la casa abierta y luego se quejará de que le robaron.

¿Qué personas, entonces, son dignas de confianza? Son dignas de confianza las que tienen carácter e integridad. Tener carácter significa esforzarse por vivir de acuerdo con principios fundamentales.

Por ejemplo, si hablar con la verdad es uno de ellos y, tienes carácter, tratarás de decir la verdad en toda circunstancia. Pero si solo la dices cuando te conviene y mientes para quedar bien o para sacar provecho, entonces, simplemente ¡no tienes carácter! *El carácter se mide según la frecuencia con la cual aplicas tus principios.* Entre más aplicas tus principios, más desarrollado tienes el carácter. Carácter e integridad están íntimamente ligados. Una de las acepciones de integridad es que coincida lo que piensas y sientes, con lo que dices y haces. Si piensas que es importante respetar al niño, pero cuando te enojas lo humillas y lo golpeas, no hay integridad entre lo que piensas, dices y haces. El pensamiento está separado del sentimiento y de la voluntad. Si predicas la igualdad entre razas, pero tienes actitudes discriminatorias, no tienes integridad. Si hablas de honestidad, pero te aprovechas y robas cuando tienes la oportunidad, no tienes integridad. En estos casos, lo que piensan, predican y hacen, no empata.

El señor Rivas festeja 25 años de matrimonio. Una vez terminada la cena toma el micrófono y se dirige a sus 300 invitados. Con lágrimas en los ojos habla del amor a su esposa, la importancia de la familia y las recompensas del matrimonio. A medio discurso se levanta su hijo mayor y se retira del salón. En la puerta lo detiene uno de sus primos y le pregunta qué le sucede. "No soporto escuchar tanta mentira. Mi padre con sus discursos mientras que tiene una amante desde hace 15 años".

Otro ejemplo:

"Para mí lo más importante en la vida son mis hijos. Verdaderamente vivo para ellos", dice Amalia orgullosa al grupo de mujeres que acaba de conocer en el diplomado. Las mujeres la escuchan con verdadera admiración. "Pero ¿cómo le haces? Tres hijos pequeños, estudias y ¿trabajas también en la tarde?" "Sí, no tengo necesidad de trabajar pero me encanta. Lo admito, es difícil pero ¡me las arreglo!" Florencia, una amiga de toda la vida, voltea la cara para que no la vean, mientras piensa: "Si solo supieran los problemas que tienen sus hijos por abandono. ¡Siempre están solos!" Al no tolerar más la conversación, Florencia se retira al baño.

En ambos casos, las personas crean una especie de versión esquizofrénica entre las historias que platican y la verdad. La cruda realidad terminará alcanzándolas, y como un filoso alfiler reventará el globo de fantasías que han tratado de sostener. Podrán engañar por algún tiempo, pero no toda la vida. Tener carácter e integridad no quiere decir que no te puedas equivocar, pues el error es parte del aprendizaje. Te puedes equivocar, siempre y cuando lo reconozcas, te responsabilices y te propongas no repetirlo. Pedir infalibilidad y perfección son exigencias absurdas, pero reconocer las faltas y asumir la responsabilidad permite desarrollar integridad y fortalecer el carácter.

Celia ha sido citada en la oficina del director. "Señorita Alberdi, quisiera que me explicara qué ha ocurrido con el señor López Velarde". Celia, pálida, responde: "Desgraciadamente, señor director, soy responsable de que hayamos perdido su inversión. Los datos que le di en mi última entrevista estaban incompletos. Debí haber entregado el estudio completo, pero no lo terminé a tiempo y el señor López Velarde se molestó y canceló su cuenta".

El director tendrá que decidir la consecuencia que amerita la negligencia cometida, pero también deberá valorar su integridad y carácter. Celia no mintió para tapar su error ni trató de inculpar a otros. Puede sentirse apenada por haber perdido a un cliente importante, pero estar orgullosa de haber reconocido y afrontado la responsabilidad.

Conforme desarrolles el carácter e integridad te acercarás, cada vez más, a tus ideales, que aunque sean intangibles, abstractos e inalcanzables, son el único camino hacia el crecimiento. Te convertirás, entonces, en un ejemplo digno para tu hijo.

capítulo 11

EXPECTATIVAS CERRADAS Y ABIERTAS

En el momento en que sabes que vas a tener un hijo dejas volar tu imaginación y empiezas a soñar con ese ser que aún no nace. Te lo imaginas de acuerdo con tus preferencias o sueños no realizados. Si eres intelectual y vas a tener una niña, quizá la imaginas muy lista y asertiva, toda una ejecutiva exitosa. Pero si eres divertida y sociable, sueñas con una hija bonita, simpática y muy popular. O si te gustaba la danza y tus padres no te permitieron practicarla, ahora que vas a ser madre, la imaginas como una gran bailarina, talentosa. Si será niño y en tu familia disfrutan del deporte, quizá lo imaginas como un destacado futbolista. O siguiendo la tradición familiar, sueñas con un prominente ingeniero, abogado o médico. Si algún día quisiste ser músico y te obligaron a tener otra profesión, ahora lo imaginas como un reconocido violinista.

Al nacer, te acercas a tu hijo con ese amor más libre, que acepta plenamente y que nada espera, pues percibes la perfección de una nueva vida.

Josefina, rodeada por familiares, recibe en brazos por primera vez, a su hija recién nacida. Con lágrimas en los ojos la destapa cuidadosamente. "¡Nunca he visto a un niña tan hermosa! ¡Está preciosa!", dice la abuela mientras los demás asienten con la cabeza.

Unas horas más tarde llegan los sobrinos a ver a la niña en el cunero. La enfermera la muestra a través del cristal. El niño la observa y le comenta a su hermana: "Es horrible. ¿Por qué diría la abuela que está bonita?"

¿Por qué parece hermoso ese recién nacido colorado, de pelos parados y piel arrugada? Quizá porque lo percibes a través del corazón y te llenas de asombro. Por un momento ves más allá de las apariencias y te maravillas ante el milagro de su existencia.

Pero con el tiempo, te alejas del amor incondicional inicial, y pierdes la conexión con el niño. Poco a poco le impondrás tus preferencias y deseos, y surge un amor lleno de expectativas y condiciones.

En los primeros años de vida, las expectativas de los padres no parecen ser un problema:

Baltasar, de 3 años, patea una pelota en el jardín. El padre orgulloso lo admira desde la ventana. "Mira Rosalinda, ¿qué te dije?, Baltasar va a ser futbolista. ¿Ya viste con qué agilidad le pega a la pelota? A ver quién dice lo contrario ¡es igualito a mí! Deja que cumpla 6 años y me lo llevo a entrenar en el equipo".

¿Quién le dirá a este padre que a todos los niños de esa edad les gusta patear una pelota? El padre puede quedarse varios años con la ilusión de que su hijo será lo que él espera.

Sueños frustrados

¿Qué ocurre cuando los años pasan y el niño no realiza sus sueños?

"Señora Rodríguez, quisiera aprovechar en esta entrevista para decirle que su hija es un encanto. Es muy sociable y muy cariñosa, pero creo que aunque tiene varios años en mi clase, no le interesa realmente el baile. No quiero decirle que sea torpe, pero no le gusta bailar. Estoy convencida que estaría más contenta si, en vez de ballet, intenta meterla en clases de natación o pintura."

Hacía meses que los días de clases, martes y jueves, se habían convertido en batallas campales. Solo con chantajes y amenazas lograba convencerla de que asistiera. Sin embargo, mantenía el sueño de tener una bailarina. Ahora, después de la entrevista con la maestra, se siente defraudada, pues le quedó claro que su sueño no será realidad.

Y ¿qué sucede con el niño que los padres esperaban que fuera un "cascabelito social"?

"Mi hijo, por Dios, no te cuelgues así de mi ropa ¡me la estás arrugando!", le dice la madre a Simón, de 5 años, que no quiere entrar a la fiesta. "Está bien, yo te acompaño, pero ya te dije que no me voy a quedar. Están todos tus compañeritos de la escuela y te vas a divertir mucho con la piñata". "¡Odio las piñatas, no quiero pegarle a la piñata!", solloza Simón, mientras se limpia la cara en la falda de la madre. "¡Me desespera este niño! No entiendo a quién salió, con lo que a mí me gustan las fiestas".

Una madre sociable y abierta no puede comprender que su hijo sea tímido y solitario. Le parece increíble que prefiera jugar en casa con el perro que asistir a una divertida fiesta. Las preferencias de su hijo le parecen aburridas y sin sentido; si no comprende la diferencia entre sus temperamentos, insistirá en cambiarlo. Esto solo frustrará a ambos.

Pero ¿qué del niño brillante?

"Señora Sánchez, qué bueno que me la encuentro en el estacionamiento. La he llamado varias veces, pues quería decirle que estoy teniendo dificultad con su hijo Rubén en relación con la lectoescritura. Quisiera pedirle que le hagan una pequeña evaluación..." "Cómo, una ¿qué?", interrumpe la madre alarmada. "Una evaluación, un reconocimiento, pues creo que tiene problemas de aprendizaje". "Mire maestra, mi hijo Rubén es un niño muy inteligente, mi esposo y yo lo hemos constatado desde que nació. En mi casa reconoce perfectamente bien las letras, lo que sucede es que en este colegio no han sabido estimularlo. Con toda razón nos dice que no quiere venir y ¡que se aburre!" La madre, claramente molesta, se marcha. La maestra, desanimada, suspira.

La señora Sánchez y su esposo, probablemente cambiarán primero al niño de escuela antes que admitir que necesita ayuda especial y se toparán con la misma dificultad y, si el caso es severo, finalmente se verán obligados a admitir que tiene problemas de aprendizaje. Este niño crecerá presionado, sintiendo que "no da el ancho". Su autoestima se verá afectada, pues lo tacharán de tonto, lento o flojo.

Revisemos qué pasa con esas expectativas cerradas de los padres.

¿Por qué tienes expectativas cerradas de tu hijo?

Porque piensas que te pertenece

Tienes expectativas cerradas cuando insistes *en ver a tu hijo como una pertenencia* que tienes derecho a cambiar, como la fachada de tu casa o la marca de tu automóvil. Piensas que puedes transformar a tu hijo para que cumpla con tus gustos, sueños o expectativas. Si crees ser su dueño, entonces, tienes derecho a disponer de su vida.

> "¿Ya se inscribió Samuel en la universidad? ¿A cuál va a entrar por fin?", pregunta la tía María Luisa. "En la Universidad Anáhuac, por supuesto", contesta la madre orgullosamente. "Pero él había dicho que quería entrar a la UNAM a estudiar arquitectura...", comenta desconcertada la tía. "Cosas de Samuel, que no sabe qué le conviene. Ya hace tiempo que su padre le explicó que los arquitectos se mueren de hambre y que la UNAM no es de su nivel. Pero, cambiemos de tema. ¿Cómo sigues de tu operación?"

Porque piensas que es una extensión de tu persona

O quizá, más que pertenencia, *piensas que tu hijo es una extensión de tu persona.* Cuando lo consideras como parte de ti quieres que siempre dé la mejor impresión posible porque crees que impacta tu imagen ante otros. Para algunos, cuidar cómo los ven los demás, es su interés primordial.

> "Por favor Renato, no te pongas esos pantalones de mezclilla hoy que vamos a la iglesia. Estarán todas mis amigas y el jefe de tu padre. Van a pensar que eres un pordiosero."

Si todo lo que hace tu hijo afecta tu imagen, entonces crees, equivocadamente, que necesitas vigilarlo cuidadosamente.

"¿Ya saludaste a la tía Pepita? Habla claro y fuerte, si no, no te escuchan", le susurra la madre a Mara de 16 años. "No te cruces por enfrente. Falta que le ofrezcas algo de tomar a la señora Menéndez". "Jálate la falda, la tienes torcida. Recuerda ser muy amable y simpática con la señora Rugarcía, es la señora del vestido rojo, la esposa del alcalde. Me gustaría que te presentara a su hijo el mayor". Mara tuerce la boca. "¡No me hagas caras!, es un excelente chico y sé que te va a encantar".

El mensaje que la hija recibe, es:

"Te quiero si eres como yo deseo: bonita, delgada, inteligente, obediente, estudiosa, simpática, cariñosa..."

Porque esperas que tu hijo llene tus huecos emocionales

Las expectativas cerradas tienen la función de llenar los huecos emocionales de los padres.

Anselmo y Cynthia están teniendo problemas matrimoniales. Ella se enteró del amorío de su esposo con una colega del trabajo. Aunque él le asegura que solo fue un flirteo, ella sospecha que la relación persiste. A los pocos meses, Cynthia le comunica estar embarazada y Anselmo recibe la noticia sin entusiasmo. Durante el embarazo se esfuerza por atenderla y ser cariñoso, pero el desinterés es evidente. Cuando el bebé cumplió cinco meses de nacido, Anselmo los abandona.

En este caso, la madre tuvo la expectativa de que el hijo arreglaría los problemas con el esposo. En lugar de afrontar la situación, quiso manipular a la pareja a través de tener un hijo, con la esperanza de que su llegada mejoraría la situación. Evidentemente no funcionó y el padre los abandonó, dejándola resentida para desquitarse con el hijo que la defraudó.

Daniela se casa con Cristóbal, "el mejor partido del pueblo". Su marido es cariñoso y ella está feliz con su nueva vida de casada. A los pocos meses, él es ascendido a subdirector de la empresa y tiene que trabajar con un horario muy largo, que muchas veces incluye los fines de semana. Daniela se siente abandonada, pero al quedar encinta dirige toda su atención a la llegada de ese niño. Con él empieza a llenar el vacío en su vida y a aliviar la soledad. Se vuelve una madre sobreprotectora que vive a través de su hijo.

El hijo crece y quiere irse a la ciudad para realizar sus estudios superiores; la madre se opone terminantemente. Ningún prospecto de matrimonio le parece digno de él, pero cuando insiste en casarse, de regalo de bodas le da el terreno al lado de su casa. Tres años después, cuando el hijo y su familia deciden mudarse a vivir al extranjero, la madre amenaza con morirse del dolor. A los pocos meses le da una embolia que le deja medio cuerpo paralizado. El hijo se queda para atenderla.

En este caso, Daniela, insatisfecha con su vida, busca que el hijo llene ese vacío emocional. Para ella, el hijo le da su razón de ser. Su hijo, por amor y lealtad, acepta por años este papel, pero cuando siente el impulso de desprenderse para realizar su propia vida, no tiene la fuerza para soltarse. La manipulación y el amor enfermizo de esta madre le han cortado las alas. Ella está dispuesta a morir, antes que permitir que el hijo la abandone.

"Alexia, por Dios, no hagas eso que enoja a mamá". Alexia, de 2 años, levanta la vista y observa la cara desaprobadora de Brigitte, su madre, que la ve jugando con tierra del jardín. Una hora más tarde, sentadas a la mesa del comedor: "Sí, chiquita, cómete todo para que mami sea feliz". En la noche Brigitte mete a la niña en su cama y le advierte: "Si no te duermes mamá va a estar ¡muy triste!"

Pasan los años y Alexia tiene su propia familia, y vive al pendiente de las necesidades de su esposo y de sus hijos. Una tarde, preparando una cena para los socios de su marido, siente un fuerte dolor de vientre. Se toma unos minutos para reponerse, pero continúa haciendo los preparativos. Aunque cada vez se siente peor, sirve y atiende sonriente a los invitados. Cuando el último socio se ha despedido, y el marido entra a la cocina, la encuentra en el piso desmayada. Una vez en el hospital, su esposo le reclama por no haberle dicho que se sentía mal, ella le contesta: "Es que no quería arruinarte la cena".

Alexia aprendió desde muy temprana edad que su función en la vida es hacer feliz a otros. Brigitte educó a Alexia para estar siempre pendiente de los sentimientos de los demás y ser complaciente en todo momento, sin importar sus propias necesidades. Cree que "los demás son más importantes y que ella no cuenta".

Las personas que son educadas para complacer a otros, pierden contacto consigo mismas, con su identidad. Con tal de pertenecer y ser aceptadas, subordinan sus deseos y necesidades para atender a los demás. El precio que pagan es muy alto. Se vuelven incoloras, transparentes, y los demás las utilizan para su conveniencia. Pero esas necesidades, ignoradas por tantos años, terminan convirtiéndose en una herida que supura resentimiento y que, poco a poco, acaba enfermando emocional y físicamente a la persona.

Estos vacíos dentro de ti claman ser atendidos, pero te equivocas si buscas llenarlos a través de tu hijo. Es un espejismo, pues solo tú eres responsable de satisfacer tus necesidades emocionales. Cuando seas capaz de amarte a ti mismo, te sentirás completo y satisfecho. Entonces estarás consciente de tu valía, y el amor que recibes de los demás será un regalo. Regalo que recibes con gratitud, sin exigencias.

Así, cuando aprendes a atender tus necesidades podrás dar a otros porque, como bien sabes, no puedes dar lo que careces. Afortunadamente, hoy abundan terapias, cursos y libros que te pueden orientar para sanar las heridas emocionales, y evitar la tentación de utilizar a tu hijo como paliativo.

De la negación a la frustración

Algunos niños, sin darse cuenta, se dejan conducir y responden dócilmente ante las expectativas de los padres. El niño y el padre, entonces, no tienen problema y la relación se desarrolla de manera cordial. Pero si el hijo despierta y concluye que los deseos del padre no concuerdan con los suyos, comenzará el conflicto. Habrá dificultades si el niño no tiene las cualidades o habilidades que el padre espera. En este caso, el padre se sentirá defraudado porque el hijo no es lo que esperaba.

Los padres con expectativas cerradas están enfocados en una imagen idealizada que nada tiene que ver con el hijo. Así, el padre cuyo hijo tiene dificultades para estudiar, insistirá, en contra de todas las opiniones y la voluntad misma del chico, en que estudie y termine una carrera. El padre estará dispuesto a comprarle el título antes que reconocer que su hijo no tiene el interés o la capacidad.

"Eres un excelente vendedor Ignacio, podrías venderle una cámara fotográfica a un invidente", dice Inés riendo mientras recorren una casa en venta. "Naciste para vender. Pero ¿estudiaste para abogado?" "Sí, estudié para abogado porque mi padre no me dio otra opción; a fuerzas quería que alguno de sus hijos estudiara su profesión, y creo que se aprovechó de mí por ser el más débil. Después de cinco años horribles se frustró porque jamás ejercí. Pero ahora soy feliz vendiendo bienes raíces".

Conforme transcurren los años, quizá los padres pasen por una *etapa de negación*, en donde "ven lo que quieren ver". No desean darse cuenta de que el hijo tiene problemas en la escuela y necesita ayuda, o de que los maestros y amigos se quejan de sus groserías y agresión, o de que ese tic nervioso es resultado de la presión absurda que ejercen sobre él. Se rehúsan a escuchar a nadie.

¿Qué pasa con la frustración que sienten cuando el hijo no cumple con sus expectativas? Primero puede ser que esa frustración recaiga en el colegio, como en el caso del niño con problemas de aprendizaje. O el padre puede culpar a la madre de que el niño sea débil y consentido y, por tanto, no le guste el deporte. O la madre culpar al padre de que el hijo sea brusco y desobediente. Pero finalmente *la frustración de no ver sus expectativas realizadas termina recayendo en el hijo.*

¡Estoy defectuoso!

Desafortunadamente el niño no comprende que las expectativas de los padres nada tienen que ver con él, pues son injustas y caprichosas. Lo único que entiende es que estos dos seres que son sus dioses, a los cuales quiere sobre todas las cosas y depende de ellos para sobrevivir, están insatisfechos con él. Los ha defraudado y les provoca frustración y enojo. *La frustración de los padres, cuando recae sobre el hijo, se transforma en vergüenza de sí mismo.* El niño concluye a nivel subconsciente: "Si mis padres están insatisfechos conmigo será porque soy defectuoso. Hay algo mal dentro de mí". La frustración de los padres se convertirá en vergüenza personal que cargará para toda la vida. Vergüenza de saber que no es lo que debió haber sido por no dar la talla, y de ser culpable de la decepción e infelicidad de los seres más importantes en su vida.

Es así como se lastima la vida emocional y se afecta la autoestima del hijo. ¿Cómo va a quererse a sí mismo si se siente defectuoso? ¿Si no se siente aceptado y querido como es? ¿Si quisiera ser distinto para complacer a los padres, pero no puede?

Tienes que sentir gran compasión por este niño que se sabe indigno de la aceptación y del amor de sus padres.

Adiós al amor incondicional

Cuando tienes expectativas cerradas te alejas del amor incondicional, que todo lo acepta, que no se detiene en las apariencias ni te exige algo a cambio. Es el amor que no juzga y que te hace sentir perfecto tal y como eres. Es el amor que nada pide y todo otorga. Que no se gana y, por lo mismo, no se puede perder jamás. Es el amor divino.

Las expectativas cerradas te entrecierran los ojos, permitiéndote ver solo superficialidades: la vestimenta, los modales, el peinado, los gestos, el comportamiento. Entonces, te consume la crítica, los juicios y los reproches. Te vuelves un discapacitado del alma.

Como le dijo la doctora y maestra Dee Coulter a un alumno de preescolar cuando estaba haciendo una rabieta: "¡Eres mucho más lindo de lo que te comportas!" Ella veía más allá de sus groserías, sus pataletas y sus malos modos. Necesitas abrir los ojos y ampliar tu visión para distinguir la diferencia entre aquello que es trascendente y lo efímero.

Hagamos una pausa para revisar las siguientes ideas, actitudes y creencias de padres con expectativas cerradas.

Ideas y actitudes equivocadas de padres con expectativas cerradas

- Aunque mi hijo es pequeño, ya sé lo que va a estudiar en la universidad.
- Tiene que aprovechar los contactos de la familia para lograr el éxito.
- Yo sé lo que más le conviene, su opinión no es muy importante.
- Con los años cambiará de idea, y nos dará la razón.
- Sus sueños son tonterías.
- Por ningún motivo acepto que no vaya a la universidad.
- Me niego a escuchar lo que sus maestros me dicen. Son ineptos y lo que piensan no es digno de tomarse en cuenta.
- Quisiera cambiar su temperamento. (Si es bullicioso, quisiera que fuera tranquilo, si es introvertido, quisiera que fuera sociable, etcétera).
- Quisiera que fuera delgada, odio a los gordos.
- No le encuentro cualidades. Me avergüenzo de él.

- Hubiera querido que fuera hombre (si es mujer), o mujer (si es hombre).
- Siento envidia de los padres con hijos brillantes, bonitos o simpáticos.
- Yo sé qué amigos le convienen.
- Mi hijo debe obedecerme siempre.

Como has visto en los capítulos anteriores, estas ideas y actitudes tienen su raíz en creencias equivocadas. A continuación enumero algunas.

Creencias equivocadas

- Mi hijo es un reflejo directo de mi persona.
- Mi hijo me pertenece. Puedo hacer con él lo que me plazca.
- Puedo cambiarlo y moldearlo a mi antojo.
- Yo merecía un mejor hijo.
- La vida es injusta dándome a este hijo.
- Los hijos solo traen penas.
- Necesito controlar su vida para asegurarme de que todo esté bien.
- Mi hijo me contradice para lastimarme.

Las siguientes afirmaciones te ayudarán a soltar tus expectativas limitadas.

Afirmaciones para padres con expectativas cerradas

- ◇ Honro la individualidad y el destino de mi hijo.
- ◇ Dejo a mi hijo en libertad para que busque su camino y celebro sus logros.

Afirmaciones para padres perfeccionistas

- ✧ Perdono mis errores y soy gentil conmigo mismo.
- ✧ Amo ser flexible y tolerante conmigo mismo y con los demás.

Preguntas para reflexionar

En tu familia de origen

- ○ ¿Qué expectativas tenían tus padres de ti?
- ○ ¿Cumpliste con sus sueños? ¿Sus expectativas coincidieron con lo que tú querías hacer de tu vida, o por complacerlos sacrificaste tus propias ilusiones?
- ○ ¿Les guardas resentimiento?
- ○ ¿Eres una decepción para ellos? ¿Se avergüenzan de ti? ¿Acaso eres la oveja negra de la familia?

En tu familia actual

- ○ Ahora que eres padre de familia, ¿qué expectativas cerradas tienes de tu hijo? ¿Si no las cumple, dejarás de quererlo?
- ○ ¿Aceptas a tu hijo como es?, o persistes en mantener la imagen idealizada que te formaste.
- ○ ¿Ves a tu hijo como un ser separado de ti? O lo ves como una extensión o parte de tu imagen. ¿Te avergüenzas de él?
- ○ ¿Piensas que tienes derecho a cambiarlo? ¿Que solo tú sabes lo que le conviene?
- ○ ¿Lo presionas para que cumpla tus expectativas?
- ○ ¿Te sientes orgulloso de que esté realizando tus sueños?

Abre tus expectativas

"¿Acaso no puedo tener otro tipo de expectativas para mi hijo?" ¡Claro que sí! Puedes tener expectativas abiertas. Imagínate por un momento que se presenta frente a ti un genio que ofrece concederte dos deseos para tu hijo. ¿Qué pedirías?

"Yo quisiera que mi hijo tuviera éxito". Es un deseo muy válido. Si es una expectativa abierta, tener éxito significa lograr las metas que te propones, sentir la satisfacción de hacer aquello que te gusta. Para uno significará ser un buen músico, para otro, ser un excelente mecánico, una buena ama de casa, un comerciante. En gustos se rompen géneros. Cuando es una expectativa abierta, el elemento "libertad" va implícito. Quiere decir que *permites que tu hijo tenga éxito en lo que él desee y de la forma que a él le convenga.*

Si otro de tus deseos es que tu hijo tenga amor en la vida, significaría dejar que elija libremente. Quizá te lleves sorpresas; es posible que tu hija te diga que quiere encontrarlo ingresando en un convento, y si tú no eres religiosa, te va a parecer absurdo. O que tu hijo encuentre el amor en una mujer mayor que él, o en una mujer divorciada y con hijos. Al ser una expectativa abierta, te haces a un lado para permitir que viva su vida.

Priscila platica con su amiga Ernestina. "Cuando supe que mi hijo Dante se quería casar con una mujer viuda con tres hijos, me dio un ataque. Pensé que, claro, ella ya se había encontrado alguien que la mantuviera y le solucionara los problemas económicos, y que por qué no se buscaba a otro y no a 'mi pollito'. Pero ahora que la conozco mejor, vieras qué buena muchacha. Dante está feliz y quiere muchísimo a los tres hijos, que por cierto son muy educados".

Tener expectativas abiertas no quiere decir que no puedes tener opinión propia, pero debes estar consciente de que es solo tu opinión. El hijo deberá vivir y aprender basado en su experiencia personal. Por eso el dicho "nadie aprende en cabeza ajena" ¡es tan cierto! Recuerda: *puedes opinar y sugerir cuando te pidan consejo, pero después retírate para que decida con libertad.*

Un regalo para tu vida

Me gusta pensar que todos los niños traen un regalo a la vida. Tu trabajo como padre y educador es acompañarlo en el camino, y ayudarlo a descubrir quién es, qué quiere lograr, adónde quiere dirigirse y qué desea aportar. En pocas palabras, encontrar cuál es el regalo que trae a la vida, para poder cumplir con su destino.

A veces esos regalos son una sorpresa para todos. En cuántas familias "el pilón", ese último hijo que después de varios años ya nadie esperaba, que a veces recibes con fastidio, pues piensas que "hacía años que habías terminado de cambiar pañales", es el niño que trae la mayor alegría al hogar. Es el niño cuyo cálido corazón y risa ligera te distrae y alivia las tensiones en la familia. Cuando llega, ignoras porqué se ha cruzado en tu camino, pero con el tiempo descubres el regalo que ha aportado.

El niño con discapacidad o enfermo también te trae un regalo especial. Quizá viene a ayudarte a desarrollar la paciencia, la tolerancia y más que nada, la compasión. Tal vez viene a confrontar tu superficialidad, vanidad y dureza, y a ubicarte en las verdaderas prioridades de la vida. Quizá te quiere ofrecer compartir su dolor y con ello suavizarte. O viene a contrastar sus carencias con tu abundancia para despertar tu gratitud. Regalos muy nobles que la vida te pone en las manos para elegir tomarlos o dejarlos.

El plan maestro de la vida de tu hijo

Cada persona deberá descubrir "por qué y para qué está aquí", y conformar el plan maestro de su vida.

Pensar que tienes el derecho de intervenir y diseñar ese plan para tu hijo es un grave error, pues le impides que asuma la responsabilidad y lo condenas a permanecer por siempre inmaduro y dependiente.

En cambio, si acompañas respetuosamente su desarrollo y permites que decida su camino, tu trabajo terminará cuando se haya convertido en un adulto joven. Ahora él será responsable de su futuro. Como el ave que ha alimentado a sus crías, y esperó a que completaran su plumaje para enseñarles a volar, ahora observas cómo tu hijo despega para iniciar su nueva vida en libertad.

Cuando educas de esta manera, entonces abres las puertas para que tu hijo, ya adulto, regrese con cariño a buscar tu compañía, no por culpa ni por obligación, sino por el placer de convivir contigo.

Resumiendo

- *Las expectativas cerradas* surgen del deseo de controlar la vida del hijo y de querer realizar tus sueños a través de él. Al verlo como tu posesión o como una extensión de ti mismo, todo lo que hace parece afectar tu imagen. En estos casos, los padres se arrogan el derecho de determinar el camino que deberá seguir para cumplir el destino que le marcaron.

- *Las expectativas cerradas* no toman en cuenta la individualidad, ni los deseos o preferencias del hijo. Estos padres no conocen al hijo, o lo que conocen de él no les gusta. Cuando se percatan que no cumplirá con las expectativas creadas, los padres se sienten frustrados. Al recaer esa frustración sobre el hijo, se convierte en la vergüenza personal de sentirse defectuoso e indigno. Esta vergüenza afecta su autoestima y lo marca para toda la vida.

- *Las expectativas cerradas* son una imposición arbitraria que no le permiten ejercer su libre albedrío.

- *Las expectativas abiertas* son el resultado del reconocimiento de su valía, del respeto hacia su individualidad y del amor que sientes por él. Ese amor lo prodigas con el deseo profundo para que el hijo se realice en libertad, y alcance su máximo potencial.

- El mejor regalo que le puedes dar es el de confiar en que tendrá la capacidad para lograr lo que quiere, porque esa confianza lo sostiene y le da la fortaleza para afrontar los retos que la vida le presente. Para complementar este tema, escucha el audio *Cultiva la autoestima de tu hijo para que coseche un futuro brillante.* [22]

Preguntas para reflexionar

○ ¿Qué habilidades y cualidades tiene tu hijo? ¿Qué lo hace único y diferente de los demás?
○ ¿Qué regalo ha traído a tu vida?

---

[22] Barocio, Rosa, *Cultiva la autoestima de tu hijo para que coseche un futuro brillante*, [CD], México. www.rosabarocio.com.

capítulo 12

¡No me compares!

Las comparaciones son juicios que lastiman

"¡Si solo fueras como tu hermana, tan estudiosa y tranquila; nunca me da un problema! En cambio tú, ¡no sé a quién te pareces!", le dice la madre exasperada al hijo.

Quisiera contestarle: "A nadie, no se parece a nadie ¡gracias a Dios!" Algunos padres comparan al hijo pensando que así lo motivan a mejorar, o repiten lo que hicieron sus padres con ellos. Antes se acostumbraba que los padres hacían del hijo mayor un estuche de monerías, es decir, un hijo modelo en todos los sentidos. Como las familias eran numerosas se ahorraban mucho trabajo. A los hijos que seguían solo necesitaban decirles: "Sigue el ejemplo de tu hermano mayor". Fácil, sencillo y práctico. El único problema es que el hijo mayor crecía como un adulto en miniatura, que cargaba con la responsabilidad de ser perfecto, en beneficio de todos sus hermanos. Y estos, a su vez, le guardaban resentimiento.

"Espero que seas tan buen estudiante como tu hermano", le dice la maestra a Arturo al recibirlo en su primer día de clases.

"Fue un estudiante brillante y muy bien portado, no espero menos de ti". Arturo, espantado, entra al salón arrastrando los pies. Empieza el año escolar, desalentado.

Cuando comparas al hijo le das el siguiente mensaje:

Hijo, para saber cuánto vales, necesitas medirte con otros.

Las comparaciones te colocan siempre por encima o por debajo de los demás. Es decir: "soy mejor que..." o "soy peor que..."

El niño que crece mediante comparaciones aprenderá a medirse contra otras personas, como si se pusiera en una báscula para saber cuánto pesa en relación con los demás y le crea gran inseguridad: "Ahora puedo valer más que él, pero mañana, ¿seguiré siendo el mejor?"

Esta inseguridad surge del miedo a no ser amado. Si el niño concluye que deberá ser el mejor para que sus padres lo quieran, hará lo indecible para mostrarles que merece su cariño. Si para lograrlo necesita poner el pie a los hermanos, para que caigan de su gracia, lo hará y se afectarán las relaciones entre hermanos. Iniciará una competencia nefasta en la que el ganador será el más querido por los padres, aunque el precio a pagar sea pasar por encima de los demás.

Cuando educas comparando, sustituyes el compañerismo por la envidia, los celos y la traición:

Los padres regresan del cine y encuentran la sala sucia, con comida regada sobre los muebles. "Válgame Dios, ¿qué ocurrió aquí?" Aline corre a recibirlos: "Fueron Érika y Sebastián", les dice con cara de satisfacción. Los padres llaman a los culpables y la madre los regaña: "¡Recojan todo inmediatamente!, y mañana no hay televisión ¿me oyen?" Érika y Sebastián miran con desprecio a Aline, que con sonrisa burlona se acerca a abrazar a la madre.

Un hermano acusa a otro, es decir, lo traiciona, aunque de forma inconsciente, para quedar bien con la madre.

"¿Quién fue? Repito, ¿quién fue? Si no me dices quién lo hizo, tú también te quedas sin ir a la fiesta ¿te queda claro?"

Orillar a tu hijo de esta manera es incitarlo a traicionar. Aprende a ser desleal con sus hermanos o compañeros. Mejor hacer como recomendaba el reconocido psiquiatra infantil, el doctor Rudolf Dreikurs: "Ponerlos a todos en el mismo barco". Es decir, que todos ayuden a arreglar el desorden. Todos son parte de esta familia, por tanto, todos cooperan para resolver el problema.

La madre llega a casa y se encuentra con que el baño está anegado y sucio. Evidentemente estuvieron jugando y regaron el agua de la tina. Mamá llama a los tres y les dice: "Necesito que limpien el baño. Vayan por trapos para secar". "Pero yo no fui", dice Enrica. "Claro que sí", le contesta Beto, "tú empezaste". La madre interrumpe la discusión: "Todos van a limpiar el baño. Enrica, ve por los trapos, Beto y Araceli, empiecen a recoger los juguetes y las toallas".

Al día siguiente, cuando Beto y Araceli se van a bañar, se acerca Enrica y les advierte: "No se les ocurra tirar el agua ¿eh?"

La madre ha evitado provocar un conflicto en el que los hermanos empiecen a discutir y a echarse la culpa unos a otros. Al solicitar que todos ayuden, les enseña que la convivencia exige eso: cooperación. Al poner a todos en el mismo barco, el grupo es el que hace presión para que los otros se comporten. Esto es más efectivo que cualquier regaño por parte de los padres. Los mismos hermanos se encargan de asegurarse de que los demás no se pasen de la raya, pues saben que todos pagarán el precio.

Esta herramienta resulta muy útil también para los maestros.

"He recibido la queja de que han tirado papeles mojados al techo del baño. Al terminar esta clase y antes de salir a recreo necesitan limpiarlo. Nadie puede salir a recreo hasta que hayan acabado", dice la maestra a sus alumnos. Algunos la escuchan con enfado, mientras otros protestan que no tuvieron nada que ver en el asunto. "Lo siento, pero todos son responsables de que el baño quede limpio".

Ten por seguro que ¡no lo volverán a hacer! Corriges la situación y no los incitas a que se acusen.

Otro problema que surge cuando comparas al hijo es que, al no estar seguro de su propia valía, buscará constantemente reconocimiento externo. Necesita asegurarse que lo hace bien y merece tu aprobación.

Isaac muestra su dibujo. "Está muy lindo", le dice la madre mientras le acaricia el cabello. Carmen corre y coloca el suyo sobre el del hermano: "Mira el mío, ¿verdad que está más bonito?"

Carmen se siente insegura, pues piensa que el amor que recibe Isaac, se lo quita a ella. Como si solo hubiera una cantidad limitada de amor y necesitara pelear su parte, so pena de quedarse afectada en la repartición.

Cuando comparas a los hermanos invariablemente inicias una competencia entre ellos que es difícil detener después.

Algunos padres se polarizan en el otro extremo. Quieren asegurarse, por todos los medios, de que son justos y equitativos con los hijos. Si parten un pastel, miden milimétricamente cada rebanada para que sean iguales. Si le compran zapatos a uno, comprarán a los demás. Si acarician a un hijo, acariciarán al otro. Su motivación es buena, pero se crean un infierno y provocarán aquello que quisieron evitar. Los hijos estarán pendientes de que todo sea parejo y se quejarán constantemente de que los padres no son justos, o tienen favoritos. El esfuerzo exagerado sabotea los buenos propósitos.

Procura ser justo, pero sin exageraciones. Atiende a quien lo requiera en el momento y asegúrales a los otros que también tendrán su parte, aunque no sea en ese preciso momento. Así les enseñarás a esperar, y desarrollar autodisciplina.

Puntualizando

Los padres comparan al hijo porque piensan equivocadamente que es una manera de motivarlo a mejorar. Las comparaciones, lejos de estimularlo, lo desalientan y lo hacen pensar que no tiene valía propia. Que esa valía es variable y depende de las circunstancias en que se encuentre. Esto lo obliga a medirse constantemente con otros para determinarla. Como resultado, se vuelve inseguro y dependiente del reconocimiento externo.

Cuando comparas:

- Despiertas la envidia y los celos de tu hijo.
- Lo incitas a traicionar a sus hermanos y compañeros en busca de ser el mejor.
- Solo se siente querido cuando es el favorito.
- Afectas sus relaciones, pues está constantemente en competencia con los demás.
- Le creas inseguridad y lastimas su autoestima y autoconfianza.

Preguntas para reflexionar

En tu familia de origen

- ¿Había competencia entre tus hermanos?
- ¿Cómo te sentías cuando te comparaban?
- ¿Cómo afectó esta competencia tus relaciones?
- ¿Tenías que ser el mejor para que te quisieran?
- ¿Sigues compitiendo con ellos?

En tu familia actual

- Ahora que eres padre ¿comparas a tu hijo para motivarlo a mejorar? ¿Con quiénes? ¿Cómo reacciona cuando lo comparas?
- ¿Compites contra él? ¿Necesitas demostrarle que eres mejor, más inteligente, más eficiente, más hábil que él?
- ¿Exiges que sea el mejor? ¿Le muestras tu cariño solo cuando destaca o gana?

¡Alto a las comparaciones!

Si tus hijos se comparan entre ellos habrá que ponerles un alto.

"Lero, lero, yo me saqué 9 en matemáticas y tú reprobaste", le dice Jaime burlonamente a su hermana Mónica. La madre se acerca: "Jaime, tú eres muy bueno para las matemáticas, pero tu hermana es muy buena para tocar la flauta. No deben compararse, Jaime es Jaime, y Mónica es Mónica".

Una explicación muy sencilla, pero al grano. Aunque a tus espaldas lo sigan haciendo, les quedará claro que no estás de acuerdo con ello.

"Qué tienes, Fernanda, ¿qué te pasa?"

"Gloria, tan bonita y todo mundo la quiere, ¡y yo soy fea!"

"Cada una es diferente. Tú eres muy cariñosa y tienes un corazón de oro. También eres muy chistosa y nos haces reír..."

No necesitas opacar a una hermana para resaltar las cualidades de la otra. No vas a negar que Gloria sea bonita, pero sí vas a afirmar las cualidades de Fernanda. Hay que recordar que la belleza no es solo física. Contacta la belleza interior de tu hija y enséñala a que la aprecie y sepa que es incomparable.

Las siguientes afirmaciones te pueden ayudar a dejar de comparar a tu hijo y a verlo como el ser único que es.

Afirmaciones para padres que comparan

✧ Valoro los talentos, dones y fortalezas de mi hijo y apoyo las decisiones que toma para desarrollarlos.

✧ Reconozco y aprecio las cualidades que tiene cada uno de mis hijos.

✧ Honro el destino de mi hijo y agradezco los regalos que trae a mi vida.

Reconoce sus habilidades y fortalezas

Tu hijo es bello, único y perfecto en su milagrosa existencia. Al reconocer aquello que lo distingue, lo ayudarás a valorarse a sí mismo y aprenderá las lecciones que le corresponden en la vida. Pensará: "Si mis padres aprecian esto en mí, debe ser especial".

• "Patricia, qué bello dibujo. Tienes un exquisito sentido del color. Los combinas muy bien"

- "Javier, qué manera de correr ¡parece como sí te llevara el viento! Eres muy ágil"
- "¿Sabes por qué todas tus amigas te buscan cuando tienen algún problema? Porque sabes aconsejarlas para que se sientan mejor"

¿Por qué no valorar, de igual manera, al que tiene habilidades para relacionarse, al que es empático o compasivo? ¿O al que tiene habilidades artísticas o musicales? Vale la pena revisar el libro *Inteligencias múltiples en el salón de clases* de Thomas Armstrong, para dejar de pensar que solo el niño que saca buenas calificaciones en el colegio es inteligente. [23]

Una maestra hizo un ejercicio con los padres y les pidió que escribieran una cualidad de sus hijos. "Me sorprendió observar que algunos padres no encontraban qué escribir. Les costó mucho trabajo, especialmente a los hombres".

Si no encuentras alguna cualidad en tu hijo el problema es tuyo, sufres de miopía del alma.

Frida recoge a su hijo Tobías que ha pasado la tarde en casa de un compañero de clases. "Muchas gracias por dejarlo venir, estuvieron jugando muy contentos. Por cierto, ¡qué bien come!" Frida mira con incredulidad a la anfitriona y cuando se sube al automóvil le dice al hijo: "Menos mal que hoy te portaste bien".

Frida espera lo peor de su hijo. Le cuesta trabajo imaginarse que pueda ser agradable o simpático, pues solo ve el lado negativo.

---

[23] Armstrong, Thomas, *Inteligencias múltiples en el salón de clases*, Asociación para la supervisión y desarrollo de programas de estudio, Alexandria, Virginia, 1995.

Todos tenemos dos partes: una luminosa, bella y agradable, y otra parte, digamos, oscura, no tan agradable. La primera la muestras frente a otros para tratar de agradar y ser aceptado. Pero tu sombra asoma la cabeza cuando estás cansado y de mal humor. O cuando estás en familia, con personas que te quieren incondicionalmente. El verdadero amor implica aceptar las dos partes de la persona. Con un amigo es más fácil, pues solo estás con él por momentos; pero la verdadera prueba está en la familia, ya que la convivencia es más estrecha. En este sentido, con el hijo tienes un compromiso de por vida. Él pide ser querido tal y como es. Tanto en las buenas como en las malas. Si es ocurrente y gracioso, o berrinchudo y grosero; si es cariñoso y servicial, o egoísta y exigente. El niño te dice sin palabras: "Mamá, papá, quiéranme sin importar si me porto bien o mal". Entonces se sabe valorado y puede ser él mismo.

Reconoce el lugar que tiene en tu corazón

Al acudir a un evento público sin asientos asignados, procurarás llegar con antelación con el objeto de conseguir un buen lugar. Estarás dispuesto a hacer fila por un buen rato, y hasta a entrar a empujones, con tal de ganar el mejor asiento.

Esto deberá hacer un niño que no tiene un lugar asegurado en la familia. Estará dispuesto a criticar, acusar y traicionar a los hermanos con tal de ser el favorito.

En cambio, ¿qué sucedería si cada hijo contara con un espacio reservado en la primera fila? Entonces, podrían despreocuparse y sentirse seguros, y terminaría la rivalidad entre hermanos, dando paso a la cordialidad.

"Mira qué rápido puedo leer, y tú eres lento como una tortuga", le dice Angélica con tono burlón a su hermano Hugo. "Sí", agrega la madre: "Tú eres muy buena para leer, pero tu hermano corre muy rápido".

Con este ejemplo no puedo dejar de pensar: no sabemos a quién le irá mejor en la vida, al que es veloz, o al lector. Si reconoces los atributos de cada uno sin compararlos, los fortalecerás.

Reconoce el lugar que tiene entre sus hermanos

Lucián, de 4 años, se acerca sigilosamente a la cuna de su hermano de 8 meses, y cuando piensa que nadie lo ve, le jala el pelo. El bebé pega un alarido mientras este corre a esconderse al jardín.

En la noche, cuando su madre lo acuesta, Lucián le dice: "Quiero que mi hermano se muera".

El nacimiento de un hijo transforma la dinámica de toda familia, pero a nadie afecta tanto como al hermano que le sigue en edad. Este niño se siente desterrado de su posición privilegiada y no le agrada la idea de compartir el amor de sus padres. Ese nuevo bebé, tierno y que todos encuentran simpático, parece recibir toda la atención y lo hace sentir relegado.

La transición para Lucián resultará dolorosa mientras encuentra su "nuevo lugar", y dependerá de la habilidad de los padres para que sea breve el período de adaptación y asuma el rol como el hermano mayor. Es importante que los padres empaticen con los celos y el resentimiento que siente hacia su hermano.

En vez de regañar y reprimirlo:

"¿Cómo que quieres matar a tu hermano? ¡No digas idioteces! Tu hermano es muy lindo y todos lo queremos mucho. No quiero volver a saber que le pegas, ¿me oyes? Dale un besito."

Puedes decirle:

"Entiendo que quisieras que tu hermano no estuviera aquí. Te sientes enojado. Piensas que no te voy a querer igual que antes, o que lo quiero más que a ti. Pero no es así. Yo te quiero muchísimo y tienes un lugar muy importante en mi corazón. Pero no puedo permitir que le pegues". Más tarde: "Lucián, como tú ya eres un niño grande, me podrás acompañar hoy a hacer algunas compras. Tu hermano, en cambio, como aún es muy pequeño, se tendrá que quedar en casa".

Lucián deberá comprender que el amor es ilimitado, y que por tanto, querer a su hermano no le restará nada al amor que su madre siente por él.

El lugar que ocupa cada uno de los hijos le ofrece una experiencia única. No es lo mismo ser el mayor, que el menor o el de en medio. Pero encuentro que la clave para comprender por qué cada hijo puede sentirse cómodo o molesto en una posición determinada, tiene mucha relación con su temperamento. En mi libro *Disciplina con amor tu temperamento* profundizo acerca de esto.[24]

---

[24] Barocio, Rosa, *Disciplina con amor tu temperamento*, Pax, México, 2013.

El hijo único

El hijo único enfrentará una situación especial en donde pueden acentuarse varios problemas, si los padres no tienen cuidado.

• Cargará con todas las expectativas de los padres. Es distinto el caso de una familia numerosa, donde si el primer hijo no cubre sus expectativas, siempre les queda la esperanza con los demás hijos. Al solo tener uno, para los padres será la única oportunidad para ver sus sueños realizados. Esta imposición será una carga muy pesada para el hijo único.

• Toda la atención estará concentrada en su persona y es probable que lo observen "con lupa".

Gina regresa de una fiesta a medianoche y se encuentra a su madre sentada en la sala esperándola. "¿Cómo te fue hija? ¿Te divertiste? ¿Estuvo animada? ¿Fue Rafael el muchacho que te gusta?", pregunta muy interesada la madre. La hija, fastidiada, saluda y camina a su recámara; entre bostezos, alcanza murmurar: "Estoy cansada, mañana te platico".

Gina es hija única y la madre, que no trabaja, quisiera vivir a través de ella. Desearía seguir participando en su vida como lo hacía cuando era pequeña. Pero Gina, como adolescente, necesita de un espacio propio y se siente agobiada ante la intromisión. Esta independencia que requiere todo adolescente, puede resultar dolorosa para aquella madre que no tenga actividades propias.

• Existe también la tentación de sobreproteger al hijo único.

A la entrada del colegio le comenta un padre a otro: "Qué bárbaro Ismael, qué maqueta tan bella le hiciste a tu hijo.

Seguramente ganará el primer premio. Se nota que es hijo único y puedes darte el lujo de hacerle todo. Pero hay que reconocer que te quedó increíble". El padre, que además de la maqueta, carga la mochila, la chamarra y la pelota del hijo, sonríe satisfecho.

- Puede tener problemas para relacionarse, ya que hará la transferencia de lo que ocurre en casa a la escuela, y se sentirá frustrado si no le funciona.

  "Maestra, quiero hablar de Celia mi hija. Se queja de que no tiene amigas. ¿Es esto cierto?" La maestra con mucho tacto trata de explicarle: "Me temo que sí. Las niñas se quejan de que se enoja si no juegan a lo que ella quiere. Creo que está acostumbrada a que siempre se haga lo que ella desea".

  Es frecuente que el hijo único se queje de que la maestra no le hace caso, cuando en realidad no sabe compartir la atención con otros niños.

- El hijo único crecerá entre adultos; si los padres no le procuran interacción con otros niños, podrá sentirse muy solo y tendrá actitudes de mayores y verá a sus pares como aniñados y aburridos. Sacrificará su niñez con tal de pertenecer a la familia y se convertirá en un "niño adulto".

Reconoce su lugar como hijo

Es importante determinar, en el sistema familiar, que él es el hijo y no tu amigo, confidente o compañero. Nada puede hacerlo sentir más inseguro que pensar que debe asumir un rol que no le corresponde.

"Me voy de viaje hijo, y como tú eres el hombrecito de la casa, te encargo a tu madre y a tus hermanas", le dice el padre a Ramón de 8 años.

Me pregunto ¿qué sentirá Ramón si a los 8 años deberá proteger a su madre que es una mujer adulta, y a sus hermanas, mayores? El padre le cede su lugar como jefe de la familia, y esto seguramente lo asustará. ¿Qué podrá hacer un niño de esa edad para defender a su familia? Nada. Es poner la responsabilidad de adulto, en manos de un niño.

Griselda es divorciada y se recupera de una depresión. Su hija de 15 años le lleva un té a la cama. La madre con voz temblorosa le dice: "Alison, no sé qué hacer. Desde el martes que discutí con Emilio no me ha llamado. Tengo miedo de que esté nuevamente saliendo con Liliana. Qué piensas, ¿debo llamarlo?"

Los papeles se han invertido. Alison carga con los problemas amorosos de la madre, que no sabe enfrentar la vida. A los 15 años es la confidente que debe aconsejarle qué hacer con su amante.

Al separarse las parejas, frecuentemente tienen la tentación de apoyarse en el hijo. Se sienten solos, y a veces, les parece más fácil desahogarse con él, que buscar a los amigos. Esa imposición, además de abrumarlo, lo obligará a crecer y madurar antes de tiempo. Al percibir la vulnerabilidad del padre verá amenazado su futuro: "¿Qué será de mí si algo les pasara a ellos?"

"Yo abro mamá", grita Juliana desde su recámara cuando escucha el timbre de la puerta, pues sabe que es su amigo Oscar que viene por ella, pero su madre se adelanta. Cuando Juliana llega a la entrada, ella ya está platicando animadamente con el muchacho, quien perturbado por la vestimenta, actitud provocativa y coqueteos, no se atreve a levantar la vista. "Vámonos", le dice Juliana mientras lo jala del brazo.

En la noche la madre le pregunta: "¿Por qué nunca quieres traer a tus amigos a la casa?"

La madre de Juliana se considera la amiga de su hija adolescente, y compite con ella. Insiste en comprobar que aún es joven, guapa y pone en una situación muy incómoda a la hija, que se siente en clara desventaja. Juliana se avergüenza del comportamiento de su madre y le tiene resentimiento, pero no se atreve a expresar sus sentimientos.

Al querer seguir siendo jóvenes, los padres le niegan al hijo adolescente la posibilidad de tener como apoyo a un adulto. En su lugar, deberá lidiar con un adolescente envejecido.

Si no respetas el lugar que le corresponde a tu hijo, creas un "desorden" en el sistema familiar que afecta a todos los miembros. Te recomiendo consultar el trabajo de Bert Hellinger de Constelaciones familiares, donde muestra de manera muy clara las repercusiones que resultan cuando el hijo ocupa un lugar que no le corresponde. [25]

Afirmaciones para padres que quieren recuperar su lugar

◇ Reconozco tu lugar de hijo y asumo respetuosamente mi autoridad de padre/madre.

◇ Yo soy el adulto maduro y con juicio en esta situación.

◇ Yo soy el grande, tú eres el pequeño.

---

[25] Hellinger, Bert, *Órdenes del amor*, Herder, Barcelona, 2002.

Cuidado con tener favoritos

Tener un favorito garantizará que habrá resentimiento, rivalidad y envidias entre los hijos. Arruinarás su relación y terminarán lastimados, tanto el privilegiado, como los demás hermanos.

Por un lado, al favorito lo harás creer que merece más que otros, y crecerá al pendiente de que todos le concedan esa distinción. De no ser así se sentirá desposeído e infeliz. No aprenderá a compartir y será envidioso, pues su seguridad se basa en recibir más que los demás. Crecerá apartado de los hermanos, justificadamente resentidos.

Por otro lado, los que son relegados miran con envidia al consentido. Quisieran estar en su lugar y no comprenden el motivo del trato diferente. Sienten enojo contra la vida por no tener las cualidades evidentes del predilecto. Se esmerarán por ganar la aprobación de los padres, y estarán dispuestos, a veces, a hacer verdaderos sacrificios con tal de recibir el amor que los padres prodigan al favorito.

Edith entra al comedor y con voz melosa le dice a su padre: "Te compré las galletas que te gustan papi. ¿Te gusta mi vestido nuevo?" El padre, sigue leyendo el periódico, y sin levantar la vista, solo murmura: "Mmhh..." En eso escuchan a su hermana Viviana que baja las escaleras. El padre deja el periódico y con sonrisa franca exclama: "Miren quién llegó, ¡el sol!" Edith baja la vista y con un nudo en la garganta se retira a su cuarto.

Este padre hacía marcadas diferencias entre sus dos hijas. Viviana era la "reina" y su hermana no contaba. No me sorprendió saber que cuando Edith llegó a la adolescencia se volvió alcohólica y drogadicta. Lleva dos matrimonios y siempre ha tenido dificultad para conservar un trabajo estable. Las heridas de la infancia terminaron por afectar su vida entera. Al favorecer a un hijo por encima de los demás, afectas y dañas la dinámica completa de la familia. Las envidias y la competencia que esta situación provoca, crea fisuras que terminan por romper las relaciones entre hermanos y padres.

"¿Por qué a mi hermana Lisa nunca la regañas? ¡Solo a mí, siempre a mí! ¡A ella la quieres más!", grita Zulema enojada. Cuando la madre intenta contestarle, Zulema le da la espalda y se encierra en su recámara.

Una hora más tarde, ya más tranquila, la madre conversa con ella: "¿Sabes hija? Tú eres muy importante para mí, y te quiero muchísimo. No sabes cuánto te extrañé la semana que fuiste de campamento. Pero es cierto, parece que siempre estamos en un ring, peleando. Basta que digamos algo para que las dos nos encendamos". "¿Sabes por qué? Yo creo que nos parecemos mucho, y ninguna de las dos quiere dar su brazo a torcer. Las dos queremos tener la razón. A mí me pasaba lo mismo con tu abuelo. Tu hermana, en cambio, es muy callada y tranquila, por eso nunca discuto con ella. Pero eso no quiere decir que la quiero más, simplemente chocamos menos. Te repito, te quiero muchísimo".

Es absurdo pensar que puedes tener la misma relación con cada uno de tus hijos, pues son diferentes y el temperamento influye de manera decisiva. La relación fluirá sin contratiempos con uno, mientras que con otro, puedes tener fricciones. De estos conflictos podría surgir el "fuego" que te llevará a un nivel más alto de consciencia, porque las relaciones que consideras "difíciles" evidencian aquello que te niegas a ver en ti mismo.

"¡Este chamaco es tan necio! Cuántas veces le he dicho que no va a estudiar arquitectura, que se va a hacer cargo del negocio y ¡punto!"

Me pregunto, ¿quién es más necio, el hijo o el padre? Si trabajas interiormente y examinas tu temperamento, podrás comprender los motivos por los cuales tienes roces con algunas personas y con otras, la relación es más llevadera. Compartir esta información con tu hijo mejorará la relación. El punto de partida deberá ser siempre la intención de trabajar en tus limitaciones, en lugar de señalar las de tu hijo. Si tú evolucionas, las relaciones con los demás se transformarán. Puedes complementar esto último escuchando mi audio *Disciplina con amor tu temperamento.* [26]

---

[26] Barocio, Rosa, *Disciplina con amor tu temperamento*, [CD], México. www.rosabarocio.com.

capítulo 13

DISCIPLINA CON AMOR

Cultiva su autoestima

¿Por qué es importante cultivar la autoestima en el niño? ¿Qué beneficios tiene para cualquier persona tener autoestima? Una persona con autoestima acepta fácilmente si se equivoca y asume su responsabilidad. Si por ejemplo, le dices: "Dejaste la llave del agua abierta y nos quedamos sin agua", aceptará su descuido, pero no por eso pensará: "Me están diciendo que soy un inepto, un tonto, que no sirvo".

En cambio, si tiene baja autoestima se sentirá agredido y responderá: "Yo no fui la última persona que entró al baño, ¿cómo sabes que fui yo?" Asume cualquier comentario como una ofensa y se pondrá a la defensiva. Cada falla confirmará su pequeñez y toda equivocación la convertirá en un fracaso. Como si tuviera la piel delgada, cualquier comentario se convierte en un rasguño o una cortadura. Tener la piel tan delicada es vivir expuesto.

Estefanía está sentada en el consultorio del pediatra cuando reconoce a su amiga Liliana. A fin de hacer conversación le dice: "Tu hijo es muy activo". Liliana reacciona inmediatamente ante su comentario y se disculpa: "Es que no durmió, estuvo tosiendo toda la noche y no se siente bien. Él nunca se porta así, normalmente es muy tranquilo…"

Liliana interpretó el comentario como que su hijo "era insoportable, y que por tanto, eso la convertía a ella en una mala madre". Su reacción tomó por sorpresa a Estefanía.

Una persona con baja autoestima

- Se siente fácilmente ofendido porque muchas veces interpreta los comentarios de otros como críticas.
- Tiende a tomar todo de forma personal.
- No se autovalora, y cada error que comete parece confirmarlo.
- Se esmera por ser perfecto para tapar la vergüenza de no sentirse lo suficientemente bueno.
- Se le dificulta responsabilizarse de sus equivocaciones, pues piensa que reconocerlas le resta valor.
- Se identifica con sus éxitos y fracasos, volviéndose presumido e inseguro.
- Percibe a las personas como abusivas y tiende a victimizarse.
- Depende del reconocimiento externo para sentirse bien.

Una persona con alta autoestima

- Sabe que tiene un valor propio que es independiente de sus éxitos o fracasos.

- Acepta poder equivocarse y fallar. Ve los errores como medios de aprendizaje.
- Aprecia el reconocimiento de otros, pero no depende de él.

Tener autoestima brinda la posibilidad de dar el siguiente paso en el crecimiento personal. Tienes la posibilidad de afirmarte frente a la vida y decir:

Me quiero a mí mismo y sé que valgo. Soy más que mi apariencia, mi inteligencia y mis emociones. Más que mis éxitos y fracasos. Soy un ser espiritual, con potencialidades que nada ni nadie me puede quitar. Merezco respeto y tengo dignidad. Soy único e incomparable y con mi existencia puedo marcar una diferencia. Asumo mi responsabilidad como ciudadano del mundo para crearme la realidad que deseo.

La persona con autoestima está libre de ataduras y puede elegir decirle sí a la vida. ¿Acaso hay un padre que no quiera esto para su hijo?

Las etiquetas son camisas de fuerza

Si de tu boca sale la palabra: "Eres...", debería sonar una alarma que te prevenga de que estás a punto de decir algo que marcará al hijo. El niño en vías de desarrollo aún no sabe quién es, se autodefine por lo que los padres y las personas cercanas le dicen. Por tanto, un niño que escucha frecuentemente: "Eres un agresivo, un brusco, un aprovechado", cuando se siente confuso y quiere saber quién es, solo deberá dejar que afloren estas frases del subconsciente: "Ah, claro, yo soy el malo, el que siempre pega. ¿A quién golpearé hoy?", se pregunta.

Estas frases quedarán prendidas como *etiquetas* en el subconsciente y su peso será mayor si provienen de personas importantes en su vida.

Si dejaran a tu cuidado a un niño inteligente de 2 años y te dedicaras a repetirle: "Eres un tonto, no piensas, eres menso", te aseguro que en poco tiempo este niño se comportaría como un deficiente mental. Mediante la repetición ¡lo habrás convencido! Es impresionante la fuerza que tienen las palabras. Tus afirmaciones serán una especie de "fijador" a nivel inconsciente. *A base de escuchar muchas veces lo mismo, el niño terminará convenciéndose de ser lo que otros le dicen.*

Por ejemplo, si un adolescente escucha frecuentemente: "Nunca recoges tu ropa", "Tu recámara siempre es un desastre", el día que siente la tentación de arreglar sus cosas recuerda: "¡Ay, no, por poco y olvido! ¡Yo soy la que siempre deja todo tirado!"

Lo mismo sucederá con un niño soñador y olvidadizo. Si la madre repite una y otra vez: "Eres un distraído, quién sabe dónde tienes la cabeza", el niño inconscientemente asumirá esa actitud.

Las etiquetas que pones al hijo son una especie de camisa de fuerza que no lo dejará modificar actitudes y comportamientos.

Cabe preguntarse: ¿Y si lo etiquetamos de "bueno"? Las etiquetas siempre serán etiquetas, sean buenas o malas. Seguirán siendo camisas de fuerza. El niño etiquetado de bueno no tendrá la posibilidad de ser otra cosa que "bueno" y vivirá restringido. ¡Qué aburrido ser siempre bueno, jamás permitirse hacer una travesura o algo indebido, salirse del molde, de equivocarse!

El niño bueno será un niño muy estresado, pues se le exige un imposible: la perfección. Vivirá con zozobra, asustado de no poder cumplir las expectativas. No tendrá libertad para ser un niño o joven inexperto que puede fallar. Necesita saber que será querido aun si deja de ser encantador y bueno. Sentir que lo quieren a *él* y no a una imagen idealizada.

Si cuando eras pequeño tus padres te lastimaban al regañarte, quizás ahora te encuentres repitiendo lo mismo ¡por inercia! Pero si te observas con paciencia y voluntad, comenzarás a sustituir patrones heredados por patrones que lleven implícito el respeto. De esta manera corregirás sin lastimar. Veamos algunos ejemplos.

Cambiar:

"Clemente eres un abusivo, deja a tu hermano en paz. ¿Cuántos años tienes tú, y cuántos él? ¡Eres un aprovechado!"

Por:

"Clemente deja en paz a tu hermano. ¡No permito que le pegues!"

En el primer ejemplo lastimas la autoestima y lo etiquetas al decirle que es un abusivo y aprovechado, mientras que en el segundo pones un límite claro, pero no lo hieres.

Cambiar:

"Déborah, ¡eres una floja y descuidada! No puedo creer que tienes dos horas haciendo esta tarea y no solo aún no acabas, sino que también está mal hecha."

Por:

"Deborah, tienes mucho tiempo haciendo la tarea y aún no acabas. Tendrás que repetir estas hojas que están mal hechas."

Cambiar:

"¡Eres un bruto! ¿Por qué nunca te fijas?"

Por:

"Pon más atención. Si tienes más cuidado las cosas te saldrán mejor."

El cuadro al final del capítulo resume algunas actitudes que lastiman al niño.

Aplica disciplina con amor

Algunos padres me han comentado:

"Bueno, entonces eso quiere decir que ¿ya no puedo corregir al hijo? ¿Debo acaso dejar que haga lo que quiera para que se sienta querido? Qué le contesto cuando se porta mal y me pregunta: ¿Qué ya no me quieres?"

Puedes responder:

"Claro que te quiero y siempre te voy a querer, pero estás lastimando a tu hermano y ¡no lo puedo permitir!"

A él lo aceptas, más no apruebas su comportamiento. Este es el secreto al corregir al hijo. Siempre hay que recordar que él no es su comportamiento. Es mucho más que eso. El comportamiento es solo una manifestación de su estado emocional.

Cabe aquí mencionar que es preferible decirle cuando lo corriges: "Esto no está permitido", o "lo que hiciste no es aceptable", a decir: "Esto que hiciste está mal", o "esto que hiciste es malo".

La connotación al utilizar "bueno o malo", fácilmente lleva al niño a hacer la transferencia: "Si lo que hice es bueno, yo soy bueno, pero si lo que hice es malo, yo soy malo". Entonces siente vergüenza y culpa. En cambio, cuando usas las palabras "permitido" o "aceptable", es más fácil que el niño pueda separarse de lo que acaba de hacer, y verlo de manera más objetiva. Así podrá llegar a la conclusión de que lo que hizo estuvo equivocado, pero no caerá en la tentación de desvalorizarse. Deberás aprender cómo corregir al niño sin afectar su autoestima. Cuando pienso en un niño me gusta imaginar que en el corazón se encuentran su dignidad, valía y autoestima. Y que esa parte es sagrada; que nadie tiene derecho a lastimarla. Al corregir a un niño habrá que tenerlo en cuenta. Deberás poner un límite enérgico y claro, pero sin humillar. Es posible corregir sin tocar esa parte inviolable: eso es aplicar *disciplina con amor.*

Analiza la diferencia entre estos dos ejemplos:

1. La madre regresa a casa y encuentra que su hija ha tirado la leche. "Ema, ¡ven acá! No puedo creer que seas tan cochina. ¡Limpia esto inmediatamente!"

2. La madre cuando ve la leche regada le dice: "Ema, ¡esto que hiciste es una cochinada! ¡Ve por un trapo y límpialo!"

En el primer ejemplo Ema es la "cochina", la madre la lastima al etiquetarla como sucia. Mientras que en el segundo la corrige, pero la "cochinada" está en el piso.

Humillas al niño cuando lo insultas

- "¡Eres un bueno para nada!"
- "¡Eres un grosero, un maleducado!"

- "¡Eres un tonto! ¿Por qué no te fijas?"
- "¡Qué torpe eres! ¡Jamás vas a aprender!"
- "¡Ya me cansé de repetírtelo!, ¿estás sordo o qué?"
- "¡¿Cuántas veces te lo tengo que decir, quieres que te pegue para que entiendas?!"
- "¡Eres un distraído, no sé dónde tienes la cabeza!"
- "¡Ven acá, pedazo de animal!"

Esta lista podría ser interminable y puede haber ofensas por demás originales, pero muy dañinas. Cuando le dices que es un idiota, el niño concluye: "Si mi madre que todo lo sabe, dice que soy un idiota, sin duda, debo serlo, pues ella nunca se equivoca". El niño aún no tiene la capacidad de filtrar lo que escucha. No tiene capacidad para comprender que el insulto es solo el resultado del enojo o impaciencia de la madre.

Reglas de oro

- Corrige sin ofender. El aprendizaje no tiene que doler.
- Cuando corrijas, separa a la persona de su comportamiento.
- Corrige el comportamiento pero respeta a la persona.

¿Para qué poner límites?

Ponemos límites por cuatro razones importantes:

1. Para proteger al hijo.

"No puedes jugar con la estufa."
"Tienes 12 años y no irás a esa fiesta porque habrá alcohol."

2. Para proteger al otro.

"No permito que le pegues". "Aunque estés furioso, no permito que le faltes al respeto."

3. Para proteger el medio ambiente.

"Entiendo que estés enojado, pero no permito que avientes las cosas."

4. Para ayudarlo a madurar y desarrollar autodisciplina.

"Entiendo que quieres salir a jugar, pero antes tienes que terminar tu tarea."

¿Qué significa autodisciplina?

Autodisciplina: la capacidad de contener los impulsos.

El niño deberá comenzar a desarrollar la habilidad para contenerse desde pequeño.

Felipe, de 3 años, está muy enojado con su hermana de un año y medio que acaba de morder su juguete. Toma un bloque de madera para pegarle en la cabeza. La madre corre y le sostiene el brazo. "Felipe, entiendo que te enoje que muerda tus juguetes, pero no le puedes pegar".

La madre empatiza con el hijo. Reconoce su enojo, pero claramente le dice que no es aceptable que la lastime. Al detener a Felipe, lo ayuda a contenerse de maltratar a su hermana. El mensaje es claro: se vale enojarse, lastimar no. *Poner límites ayuda a desarrollar autodominio.*

Autodisciplina: la capacidad de posponer los deseos y las necesidades.

"Mamá, tengo sed. Quiero agua", dice Isabel de 4 años. "En la próxima gasolinera me detengo para que tomes agua". "¡No! ¡La quiero ahorita! ¡Ahoritaaaaa!", berrea la niña. "Pues lo siento, pero vas a tener que esperar", responde calmadamente la madre, mientras la ve de reojo por el espejo retrovisor del automóvil.

Isabel tiene sed, pero tiene que aprender a vivir con esa y muchas otras incomodidades que son parte de la vida. Si quieres evitarle al hijo todo tipo de molestias, no lo ayudarás a ser adaptable. Crecerá pensando que la vida deberá ajustarse a él. Entre menos adaptable sea, más pesada será su existencia.

Autodisciplina: distinguir entre lo que deseas y lo que es conveniente en determinada situación.

La autodisciplina te permite analizar la situación y determinar qué conviene.

Édgar ha sido injustamente acusado de atender mal a unos clientes del restaurante. El dueño, iracundo, lo regaña en la cocina y amenaza con despedirlo. Édgar está indignado y quiere defenderse, pero conoce el temperamento explosivo de su jefe, y se "muerde la lengua" y guarda silencio. Una hora más tarde, al verlo más tranquilo, se acerca y le aclara la situación.

Édgar tiene varios años de mesero en ese restaurante y conoce a su jefe. Recuerda también que depende de ese trabajo para mantener a su familia.

Autodisciplina: elegir no lastimar a los demás.

Francisca, de 15 años, está muy enojada con su hermana por coger sin consentimiento su suéter nuevo y regresarlo manchado.

"Mamá, mira lo que hizo Roberta, ¡es una marrana asquerosa que no se fija cuando come! ¡Nada más que llegue se lo voy a decir!" "Entiendo que estés tan enojada y tienes toda la razón, pero si le dices que es una marrana asquerosa, se va a sentir muy mal. Recuerda cómo se siente por el sobrepeso". "¡Pues eso es lo que es, una marrana asquerosa!", repite furiosa la hija.

Aunque sigue enojada cuando llega la hermana, solo le dice: "¿Por qué no me pides las cosas prestadas? ¿Eh? Me vas a pagar la tintorería, ¿me oyes? Y ¡no vuelvas a coger mis cosas sin pedirlas!"

No le dijo "marrana asquerosa". Francisca eligió, a pesar de su rabia, no herir a su hermana.

Todos experimentamos emociones intensas y tenemos, en potencia, la posibilidad de lastimar. Pero es una elección personal hacerlo o no. Contenerse a pesar de la frustración, enojo o rabia y decidir no lastimar a otros, muestra autodisciplina, autodominio y empatía.

Cuando una persona desarrolla autodisciplina, da un paso importante en su madurez. Significa que aprende a contenerse cuando es necesario, en vez de vivir a expensas de sus impulsos, emociones o caprichos. Fortalece el *yo* y toma las riendas de su vida. Solo entonces podrá decir que es verdaderamente libre para forjar su destino.

Cultiva un corazón amoroso

Aplica disciplina con amor, para ayudar al hijo a madurar y a desarrollar autodominio. Enséñale a respetarse a sí mismo y a los demás. Muéstrale con tu ejemplo, que el amor se expresa a través de procurar cuidado, escuchar con atención, y compartir el bien más preciado: el tiempo. Por ese amor, a veces, habrá que decir ¡no!, para proteger y enseñar a asumir la responsabilidad.

Vivimos en familia para aprender a amar. Con un corazón generoso y abierto que unas veces sostiene con entereza, otras veces, acaricia con suavidad.

Es a través de esta convivencia que el hijo desarrollará un corazón amoroso.

CONCLUSIÓN

Educar es un proceso complejo y tener buenas intenciones no es suficiente. Hace algunas décadas los padres se apoyaban en tres pilares básicos: la comunidad, el instinto materno/paterno y el sentido común. Pero estos apoyos nos han soltado la mano; en su lugar ahora tenemos que desarrollar de manera consciente el conocimiento con comprensión, la autoevaluación y el valor. Veamos qué significan:

Conocimiento con comprensión

Tener conocimiento con comprensión significa adentrarse en las distintas etapas de crecimiento del niño y del adolescente, para entender el proceso de maduración. Informarse, estudiar y observar para compenetrarse de su mundo y comprender que vive en un estado de consciencia distinto y, por ello, sus prioridades, intereses y preocupaciones nada tienen que ver con los del adulto. Entender cómo ese niño consolida, poco a poco, la individualidad hasta transformarse en un adulto joven.

Autoevaluación

Es necesaria para aprender a discernir entre los deseos personales, que bien pueden estar teñidos de egoísmo, miedo, resentimiento o culpa, y de aquello que más conviene al hijo. Para autoevaluarse será necesario desarrollar la observación interior.

Entonces se podrá comprender con imparcialidad y honestidad la razón de las decisiones tomadas y asumir, con responsabilidad, las consecuencias.

Desarrollar al observador interno ayuda a distinguir entre las necesidades emocionales del padre y las del hijo. Será como ver a través de una cámara que, poco a poco, enfoca su lente y la imagen se vuelve más nítida. Hará evidente si se confundieran los roles del adulto y del hijo y, si las intenciones dejaran de ser respetuosas y conllevaran manipulación, intimidación o humillación. Pondrá de manifiesto si se olvidara que la función del hijo no es hacer feliz, exaltar la imagen o cumplir los sueños de los padres.

Valor

Adquirir el conocimiento con comprensión y practicar la autoevaluación, no bastarán. Hará falta un elemento adicional: valor.

Valor para atreverse a equivocarse, y mostrarse imperfecto y vulnerable. Para guiar aun sin tener todas las respuestas. Valor para sobreponerse al miedo que paraliza, ignorar la culpa y elegir desde lo mejor para el hijo. Valor para hablar con verdad y hacer caso omiso de la crítica y del "qué dirán".

Estos tres elementos deberán formar parte del educador que busca conducir de manera consciente, que aprecia la convivencia diaria en familia, como una oportunidad de enriquecimiento que lo hará crecer a todos los niveles.

Como advertí en la introducción, no he presentado nada nuevo. Estoy, quizá, diciéndolo de manera diferente con la esperanza de que sea recordado. Para ayudar a desechar aquello que lastima y develar la parte más elevada que corresponderá al amor del niño. El niño es más generoso con su amor que el adulto, pues amará a sus padres siempre. Aunque lo humillen y lo maltraten, él seguirá queriéndolos por encima de todo. La lealtad es tal que, aun cuando abusen de él y se le presente la posibilidad de vivir con otros adultos que le prodiguen mejor trato, seguirá prefiriendo vivir con sus padres. El niño regala su amor, lo ofrece desde lo más profundo de su ser, sin condiciones.

Por eso, te invito a corresponder a ese amor, haciendo el mayor esfuerzo por crecer en consciencia.

Cuadro resumen: actitudes que lastiman, actitudes que educan con amor

El siguiente cuadro es una herramienta que te ayudará a tener presente el impacto de tus actitudes en el hijo, y te ofrecerá alternativas para educar con amor.

Actitudes que lastiman al niño / Actitudes que educan con amor

Cuando padre y/o madre	A través de	Mensaje al niño	El niño siente	Resultados en el niño	Actitudes que educan con amor — Cambio de actitud del padre y/o madre
• Tienen expectativas cerradas	• Querer que el hijo sea como ellos desean • "Quiero que seas: deportista, intelectual, tranquilo, sociable, etc." • Tratar de moldearlo a su antojo • Querer cambiar su temperamento	• "Tienes que realizar mis sueños" • "Te quiero y acepto solo si eres como yo espero"	• "No puedo ser yo mismo" • "Para que me quieran tengo que sacrificar mis anhelos" • "Soy una decepción para mis padres"	• Vergüenza • Resentimiento • Rebeldía • Culpa • Inadecuación • Depresión	• Tener expectativas abiertas, no ver al hijo como nuestra extensión • Respetar su individualidad • Permitir que encuentre su propio camino • Tenerle confianza y aceptar sus errores • Amarlo incondicionalmente
• Sobreprotegen	• Hacer por el niño lo que él puede hacer por sí mismo • Resolver sus problemas	• "Tú no eres capaz" • "Soy indispensable, tú no puedes solo" • "Eres un inútil" • "El mundo es muy peligroso"	• "Soy un inútil" • "No puedo solo" • "Tengo miedo" • "Soy débil"	• Codependencia • Inutilidad • Debilidad • Inseguridad • Miedo • Ser víctima • Flojera • Cobardía	• Capacitar • Fomentar independencia • Ayudar para que pueda solo • Trabajar el miedo a la separación • No meternos en lo que no nos importa

Cuando padre y/o madre	A través de	Mensaje al niño	El niño siente	Resultados en el niño	Cambio de actitud del padre y/o madre
• Comparan	• "Eres mejor que..." • "Eres peor que..."	• "Solo vales en relación con otros" • "No tienes un valor propio" • "Tienes que ser el mejor para que te quiera"	• Que necesita medirse constantemente con los demás para saber su valor • Que necesita competir • Que depende del reconocimiento de otros	• Si gana se siente mejor que los demás • Si pierde, fracasado • Insatisfacción constante, envidia, celos, traición y presunción • Fricciones en las relaciones	• Eliminar comparaciones • Valorar diferencias • Asegurar su lugar en la familia • No tener favoritos. • Enseñarle que perder indica falta de habilidad y no fracaso
• Humillan	• Etiquetar: "Eres un abusivo, grosero, distraído, cochino" • Burlas • Comentarios sarcásticos • Ridiculizar • Insultos • Críticas en público	• "Así eres y nunca vas a cambiar" • "No tienes remedio" • "Tengo derecho a volcar mi enojo sobre ti"	• "No sirvo" • "Yo estoy mal" • "Soy desesperante" • "Me lo merezco"	• Vergüenza • Desaliento • Impotencia • Resentimiento • Miedo • Odio • Retraimiento • Estar a la defensiva • Ser víctima	• Calmarme antes de corregir • Corregir en privado • Corregir la acción y no tocar a la persona • Empatizar, ponerme en sus zapatos • Tener paciencia • Aceptar los errores como medios de aprendizaje

COMPENDIO DE AFIRMACIONES

Para todos los padres

◇ Comparto con mi hijo la alegría de vivir.

◇ Elijo despertar en conciencia para mejor educar a mi hijo.

◇ Me amo y me apruebo. De igual manera amo y apruebo a mi hijo.

◇ A través de mi ejemplo, inspiro a mi hijo para esforzarse y crecer.

◇ Reconozco con amor los logros de mi hijo y lo aliento para seguir esforzándose.

◇ Elijo con conciencia el mayor y más elevado bien para mi hijo.

◇ Yo asumo la responsabilidad de crear la realidad que deseo para mí y mi familia.

Para padres con prisa

◇ Me detengo, para alimentar con atención, la relación con mi hijo.

◇ Tomo el tiempo, para disfrutar y gozar de mi hijo.

◇ Suelto mi prisa, para conectarme con mi hijo.

Para padres que quieren recuperar su espacio

◇ Tengo derecho a un espacio personal. Como adulto que soy, tomo las decisiones necesarias para procurármelo.

◇ Merezco descansar y recuperarme para ser, al día siguiente, un padre amoroso.

◇ Cuando yo le procuro su espacio a mi hijo, le permito desarrollar su independencia e individualidad.

Para padres que quieren fortalecer la voluntad

◇ Elijo recuperar la autoridad a través de tomar decisiones conscientes.

◇ Hago a un lado el miedo, para guiar a mi hijo con confianza y decisión.

Para padres que temen perder el amor del hijo

◇ Soy humano y puedo equivocarme y aun así, el amor jamás me será retirado.

◇ Merezco y tengo todo el amor que deseo.

Para padres inseguros

◇ Confío en mi sabiduría interna para guiar al hijo.

Para padres que tienen dificultad para poner límites

◇ Pongo límites de manera respetuosa a mi hijo, cuando lo considero necesario.

◇ Tomo con valor, la responsabilidad de poner límites a mi hijo.

Para padres permisivos

- ❖ Asumo con orgullo y responsabilidad el papel de padre/madre.
- ❖ Tomo las decisiones que me corresponden para guiar amorosamente a mi hijo.
- ❖ Tengo la sabiduría y la fortaleza necesaria para educar a mi hijo.

Para padres que no quieren abandonar

- ❖ Con amor y gratitud, acepto la responsabilidad como madre/padre de mi hijo (nombre).
- ❖ Agradezco el privilegio de educar a mi hijo.
- ❖ Mi hijo es un ser en desarrollo, que necesita de mi guía y protección.
- ❖ Elijo cuidar y educar a mi hijo con alegría, paciencia y compasión.
- ❖ Acompaño y guío amorosamente a mi hijo en todas las etapas de su desarrollo.

Para padres controladores

- ❖ Amo ser flexible y fluyo con la vida.
- ❖ Confío en la capacidad de mi hijo para aprender y madurar.

Para padres temerosos

- ❖ Mis miedos no le pertenecen a mi hijo. Solo yo soy responsable de mis emociones.
- ❖ Me sobrepongo al miedo para guiar a mi hijo con confianza.

Para padres sobreprotectores

✧ Aliento a mi hijo para crecer seguro e independiente.
✧ Acepto los errores de mi hijo como medios de aprendizaje.
✧ Me sobrepongo a mis miedos para permitirle crecer en libertad.
✧ Celebro la libertad de mi hijo para avanzar en la vida.

Para padres con expectativas cerradas

✧ Honro la individualidad y el destino de mi hijo.
✧ Dejo a mi hijo en libertad para que busque su camino y celebro sus logros.

Para padres perfeccionistas

✧ Perdono mis errores y soy gentil conmigo mismo.
✧ Amo ser flexible y tolerante conmigo mismo y con los demás.

Para padres que comparan

✧ Valoro los talentos, dones y fortalezas de mi hijo y apoyo las decisiones que toma para desarrollarlos.
✧ Reconozco y aprecio las cualidades que tiene cada uno de mis hijos.
✧ Honro el destino de mi hijo y agradezco los regalos que trae a mi vida.

Para padres que quieren recuperar su lugar

- ✧ Reconozco tu lugar de hijo y asumo respetuosamente mi autoridad de padre/madre.
- ✧ Yo soy el adulto maduro y con juicio en esta situación.
- ✧ Yo soy el grande, tú eres el pequeño.

Para educadores

- ✧ Reconozco la importancia y responsabilidad de mi trabajo como maestro.
- ✧ Asumo mi trabajo de maestro con dignidad, responsabilidad y entusiasmo.
- ✧ Como maestro tengo dignidad y merezco ser respetado.
- ✧ Con mi ejemplo soy una inspiración para mis alumnos.
- ✧ Elijo educar a mis alumnos con profundo respeto.

BIBLIOGRAFÍA

Armstrong, Thomas, *Inteligencias múltiples en el salón de clases*, Asociación para la supervisión y desarrollo de programas de estudio, Alexandria, Virginia, 1995.

Baldwin Dancy, Rahima, *You are Your Child's First Teacher*, Celestial Arts, Berkeley, 1989.

Barocio, Rosa, *Disciplina con amor para adolescentes*, Pax, México, 2014.

_____, *Disciplina con amor tu temperamento*, Pax, México, 2013.

_____, *Cultiva la autoestima de tu hijo para que coseche un futuro brillante*, [CD], México. www.rosabarocio.com.

_____, *Disciplina con amor tu temperamento*, [CD], México. www.rosabarocio.com.

_____, *Fortalece la voluntad de tu hijo y asegura su éxito*, [CD], México. www.rosabarocio.com.

_____, *Tu peor consejero al educar ¡la culpa!*, [CD], México. www.rosabarocio.com.

Bennett, Steve y Ruth Bennett, *Kick the TV Habit!*, Penguin Books, E.U.A., 1994.

Biddulph, Steve, *El secreto del niño feliz*, EDAF, Madrid, 2000.

_____, *Más secretos del niño feliz*, EDAF, Madrid, 2000.

_____, *Raising Boys*, Celestial Arts, Berkeley, 1998.

_____, *Manhood*, Finch Publishing, Sydney, 1995.

Bronson, Po y Ashley Merryman, *Educar hoy*, Sirio, España, 2011.

Curwin, Richard L. y Allen N. Mendler, *Disciplina con dignidad*, ITESO, México, 2003.

Dreikurs, Rudolf y Vicki Soltz, *Children: The Challenge*, Hawthorn/ Dutton, Nueva York, 1961.

_____, *The Challenge of Parenthood*, Plume, Nueva York, 1992.

Elium, Don y Jeanne Elium, *Raising a Son*, Celestial Arts, Berkeley, 1996.

Elium, Jeanne y Don Elium, *Raising a Daughter*, Celestial Arts, Berkeley, 1992.

Elkind, David, *The Hurried Child*, Addison-Wesley, E.U.A., 1988.

_____, *All Grown Up and No Place to Go*, Addison-Wesley, E.U.A., 1984.

Filliozat, Isabelle, *¡No más rabietas!*, Oniro, 2011.

Gardner, Howard, *Multiple Intelligences*, Nueva York, Basic Books, 1961.

Gerber, Magda, *The RIE Manual for Parents and Professionals*, Resources for Infant Educarers, Los Angeles, Ca., 2000.

_____, *Dear Parent, Caring for Infants with Respect*, Resources for Infant Educarers, Los Angeles, Ca., 1998.

Gerber, Magda y Allison Johnson, *Your Self-Confident Baby*, John Wiley & Sons, E.U.A. 1997.

Goleman, Daniel, *La inteligencia emocional*, Javier Vergara Editor, México, 1996.

Gonzalez-Mena, Janet y Dianne Widmeyer Eyer, *Infants, Toddlers, And Caregivers*, Mayfield, Mountain View, Ca., 1989.

Gurian, Michael, *The Wonder of Boys*, Tarcher/ Pumam, Nueva York, 1997.

Hay, Louise L., *Tú puedes sanar tu vida*, Diana, México, 1992.

_____, *El mundo te está esperando*, Urano, México, 1997.

Healy, Jane M., *Endangered Minds,* Simon and Schuster, Nueva York, 1990.

_____, *Your Child's Growing Mind,* Doubleday, Nueva York, 1987.

Hellinger, Bert, *Órdenes del amor,* Herder, Barcelona, 2002.

_____, *El centro se distingue por su levedad,* Herder, Barcelona, 2002.

Kohler, Henning, *Working with Anxious, Nervous, and Depressed Children,* Association of Waldorf Schools of North America, Fair Oaks, Ca., 2000.

Laguarda, Elena, María Fernanda Laguarda y Regina Novelo, *A un clic de distancia.* Uraño, México, 2015.

Martínez Zarandona, Irene, *¿Quién decide lo que ven tus niños?,* Pax, México, 2002.

Nelsen, Jane, *Disciplina con amor,* Planeta Colombiana, Colombia, 1998.

Nelsen, Jane, Cheryl Erwin y Roslyn Duffy, *Positive Discipline, The First Three Years,* Prima Publishing, E.U.A., 1998.

Neufeld, Gordon, *Regreso al vínculo familiar,* Hara Press, E.U.A., 2004.

Pittman, Frank, *Man Enough,* The Berkley Publishing Book, Nueva York, 1993.

Pollack, William, *Real Boys,* Henry Holt and Company, Nueva York, 1998.

Rosado, Yordi, *S.O.S. Adolescentes fuera de control en la era digital,* Aguilar, México, 2015.

Rosenberg, Marshall, *Nonviolent Communication,* Puddledancer Press, E.U.A., 2003.

_____, *The Surprising Purpose of Anger,* Puddledancer Press, E.U.A., 2005.

Solter, Aletha J., *Mi niño lo entiende todo*, Medici, Barcelona, 2002.

_____, *Llantos y rabietas*, Medici, Barcelona, 2002.

Stein, David B., *Mi hijo se distrae en la escuela*, Grijalbo, México, 2004.

Zataráin, Francisco de, *Lolo: acoso escolar*, Jus, México, 2008.

Acerca de la autora

Rosa Barocio busca sensibilizarnos con sus conferencias y libros, sobre la necesidad de una educación que integre el desarrollo del intelecto con un corazón amoroso, tolerante y compasivo.

Rosa es maestra, licenciada en Educación y madre de dos hijos. Fundó una escuela en Cuernavaca y tiene más de 30 años de experiencia trabajando con niños, capacitando maestros, asesorando escuelas y orientando a padres de familia. Ha publicado seis libros que forman la serie de Disciplina con amor, dos de los cuales son *best sellers*.

Actualmente vive en Puebla y se dedica a escribir y dar conferencias en México y en el extranjero.

Contáctala en:

www.rosabarocio.com

oficina@rosabarocio.com